4

N 191
E.

LE DEPART.　　VUE DE LONDRES.　　L'EXPOSITION.

GUIDE ILLUSTRÉ

DU

VOYAGEUR A LONDRES

ET

AUX ENVIRONS

PRÉCÉDÉ

D'UNE DESCRIPTION HISTORIQUE

DES VILLES, BOURGS, VILLAGES, SITES, ETC., SUR LE PARCOURS DES CHEMINS DE FER ET BATEAUX A VAPEUR

DE PARIS A LONDRES

ORNÉ

1° DE QUATRE-VINGT-DIX GRAVURES

DESSINÉES D'APRÈS NATURE

Par les premiers Artistes français et anglais

2° D'UN NOUVEAU PLAN

DE

LA VILLE DE LONDRES ET SES ENVIRONS

Dressé et gravé par ERHARD

DEUX ÉDITIONS SONT FAITES SIMULTANÉMENT

PRIX : A PARIS

1 franc 25 centimes | 2 francs 50 centimes
format gr. in-4° à 2 colonnes. | format grand in-18 vélin.

PRIX : A LONDRES

1 sh. 6 pence. | 2 sh. 6 pence.

ITINÉRAIRES-BOURDIN
Guides historiques
DES CHEMINS DE FER
de la France
PAR MM
JULES JANIN , PRU. GUÉROT et GRÉGOR ACHARD
Illustrés par MM.
MOREL, FATIO ET DAUMIGNY
avec Cartes , Plans, etc.
PARIS, ERNEST BOURDIN
et chez tous les Libraires.

ORNÉ

3° D'UNE CARTE ITINÉRAIRE

DES CHEMINS DE FER

ET

BATEAUX A VAPEUR DE PARIS A LONDRES

Dressée et gravée par P. TARDIEU

4° & D'UN PLAN DE L'EXPOSITION UNIVERSELLE

DE LONDRES

GRAVÉ D'APRÈS LE PLAN OFFICIEL

DEUX ÉDITIONS SONT FAITES SIMULTANÉMENT

PRIX : A PARIS

1 franc 25 centimes | 2 francs 50 centimes
format gr. in-4° à 2 colonnes. | format grand in-18 vélin

PRIX : A LONDRES

1 sh. 6 pence. | 2 sh. 6 pence.

PARIS
ERNEST BOURDIN, ÉDITEUR
49 RUE DE SEINE-SAINT-GERMAIN

LONDRES
W. THOMAS & CHURCHILL
AGENCE UNIVERSELLE POUR JOURNAUX ET PUBLICATIONS
Nos 19-21, CATHERINE STREET (STRAND)

Chez tous les Libraires de la France et de l'Étranger

ET DANS TOUS LES EMBARCADÈRES DES CHEMINS DE FER ET BATEAUX A VAPEUR.

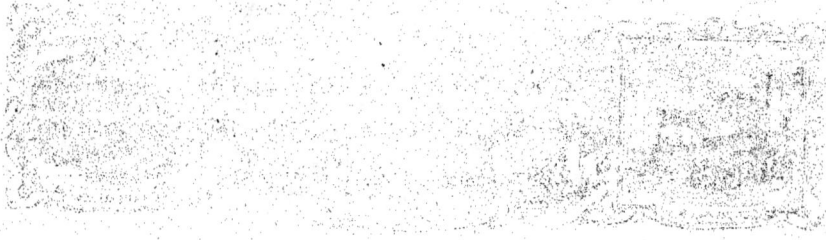

GUIDE PRATIQUE

LONDRES

GUIDE ILLUSTRÉ

DU

VOYAGEUR A LONDRES

ET AUX ENVIRONS

PRÉCÉDÉ

D'UNE DESCRIPTION HISTORIQUE DES VILLES, BOURGS, VILLAGES ET SITES

SUR LE PARCOURS DES CHEMINS DE FER ET BATEAUX A VAPEUR

DE PARIS A LONDRES

Orné de 70 Vignettes dessinées d'après nature

PAR MM. DAUBIGNY ET FREEMANN

ACCOMPAGNÉ DE CARTES ET PLANS GRAVÉS PAR P. TARDIEU ET ERHARD

PARIS	**LONDRES**
ERNEST BOURDIN, ÉDITEUR	W. THOMAS ET CHURCHILL
49 RUE DE SEINE	18-21 CATHERINE STREET (STRAND)

Chez tous les Libraires de la France et de l'Étranger

ET DANS TOUS LES EMBARCADÈRES DES CHEMINS DE FER.

1851

RENSEIGNEMENTS UTILES

INTÉRESSANTS POUR LE VOYAGEUR

Le voyageur qui se rend en Angleterre doit indispensablement être muni d'un passe-port délivré par les autorités de son domicile pour sortir de France. À Paris, il devra s'adresser à la préfecture de police, en se faisant accompagner de deux témoins patentés ; dans les départements, au maire de sa commune. Cette pièce devra ensuite être visée au ministère des affaires étrangères. Elle entraîne une dépense d'une dizaine de francs.

— Le voyageur doit éviter de se charger de bagages lourds ou encombrants, et qu'au besoin il ne puisse transporter à la main ; car outre des frais multipliés de commissionnaires, une malle lui causerait des retards et des embarras sans nombre. Celui qui pourra se contenter d'un sac de nuit s'en trouvera bien. Nous devons l'engager pourtant à se munir d'une bouteille d'excellente eau-de-vie de Cognac : ce sera un spécifique parfait contre les premières influences de l'atmosphère brumeuse de Londres. Pour peu qu'elle soit entamée, elle sera admise sans droits à la douane. En Angleterre, cette liqueur coûte fort cher, et l'on s'en procure très-difficilement de bien pure. Les fumeurs et les priseurs, s'ils ne veulent éprouver de petites souffrances insupportables pour eux, feront bien de se munir d'une provision de tabac ; car celui qu'ils trouveraient en Angleterre ne manquerait pas de les incommoder. La douane tolère l'entrée en franchise d'un demi-kilogramme.

Les voyageurs devront veiller à leurs bagages et supporter les frais des diverses opérations de transport au bateau, embarquement, débarquement et visite en douane.

Il est essentiel d'observer que l'inscription des bagages ne peut se faire directement de Paris pour Londres.

Chaque voyageur a droit au transport gratuit de 30 kilogrammes, sur le parcours de Paris à Boulogne ou à Calais, et au transport gratuit de 100 livres en première classe et 60 livres en deuxième classe, pour le parcours de Folkstone et Douvres à Londres.

On trouvera des renseignements : A l'embarcadère du chemin de fer du Nord, place Roubaix ; — au bureau central du chemin de fer du Nord, rue Croix-des-Petits-Champs, n° 50 ; — à l'administration du chemin de fer d'Amiens à Boulogne, rue Grange-Batelière, n° 12. — et, par le Havre et Dieppe, à l'administration du chemin de fer de Paris à la mer, rue d'Amsterdam, n° 11.

Quand on arrive à Londres par la Tamise, les bagages sont visités à la douane. Le voyageur doit s'y rendre immédiatement afin de reconnaître ses bagages et payer les droits s'il y a lieu.

Les effets qui sont à l'usage des voyageurs (excepté les articles provenant des Indes orientales) ne sont soumis à aucun droit d'entrée pourvu qu'ils portent des traces d'usage évidentes. Si des objets ne peuvent être introduits, par suite de prohibitions absolues, le propriétaire a la faculté de les laisser en dépôt à la douane pendant six mois et les reprendre sans frais dans ce délai.

Les montres de fabrique étrangère, neuves ou non, doivent être déclarées et sont soumises à un droit. — Les livres, l'argenterie, et en général les articles pour lesquels il est accordé une prime d'exportation, sont introduits sans droits ; mais le propriétaire doit déclarer par serment qu'il n'a reçu aucune prime d'exportation.

Il n'est perçu de droit de déclaration que lorsque la valeur de l'objet déclaré est supérieure à 5 livres (125 fr.). Ce droit est de 1 shilling (1 fr. 25 c.).

Les réclamations, dans le cas où l'on aurait à se plaindre de quelques abus de pouvoir de la part des employés, doivent être adressées aux commissaires du gouvernement. Ces commissaires, au nombre de treize, siègent dans le bâtiment de la douane à Londres. Presque tous parlent français.

— L'ambassade de France, à Londres, est située, 47, King William street (bureaux ouverts de huit heures à onze heures du matin) ; l'hôtel du consulat est, 10, Belgrave square (de midi à quatre heures).

— L'usage n'est point en Angleterre de donner des pourboires aux cochers ; en cas de contestation avec l'un d'eux, on devra prendre son étiquette, et l'on en référera au policeman le plus voisin. (Voir à l'article policemen, page 20.) Dans les omnibus, on ne paie sa place qu'au moment de descendre.

— L'étranger devra se tenir en garde contre les marchands ambulants et les boutiques de vente à la criée, dites auction rooms : les petits industriels de Londres ne manqueraient pas d'exploiter son inexpérience et sa bonne foi, et peut-être aussi de l'entraîner dans des conflits qui pourraient lui devenir très-préjudiciables. Dans les promenades, dans la foule, aux abords de l'Exposition, il lui faudra veiller attentivement sur ses bijoux et sur sa bourse ; car les filous de Londres sont à juste titre réputés pour leur adresse et leur subtilité. Le voyageur devra aussi observer attentivement de ne point laisser sa clé sur sa porte, à l'hôtel, à cause de l'immense affluence de visiteurs dans cette capitale, qui devra rendre la surveillance très-difficile.

Colis suffisant.

PARIS. IMPRIMÉ PAR J. CLAYE ET Cⁱᵉ, RUE SAINT-BENOÎT, 7.

GUIDE ILLUSTRÉ

DU

VOYAGEUR A LONDRES

LE DÉPART — VUE DE LONDRES — EXPOSITION

ITINÉRAIRE DE PARIS A LONDRES

CHEMIN DE FER DU NORD.

Trois routes principales conduisent de Paris à Londres :

La première, c'est le chemin de fer du Nord par Amiens, Arras, Lille et l'embranchement sur *Calais* et sur *Dunkerque* ;

La seconde, l'embranchement du même chemin qui part d'Amiens pour se terminer à *Boulogne* ;

La troisième enfin, le chemin de fer de Paris à *Dieppe* et au *Havre*.

Nous nous dirigerons d'abord, si vous voulez, par le chemin de Calais.

Embarcadère du chemin de fer du Nord.

Situé à l'extrémité des faubourgs Poissonnière et Saint-Denis, sur des points culminants de Paris, dégagé dans ses abords, que facilitent de larges et belles avenues, l'embarcadère du Nord est le digne vestibule de cette voie, la plus considérable, la plus importante, la plus fréquentée de toutes nos lignes de chemins de fer. Vaste, commode, parfaitement distribué à l'intérieur, il offre aux voyageurs d'élégantes salles d'attente et de spacieuses galeries où la foule circule aisément. On ne saurait rendre un trop complet hommage à l'expéditive régularité de son administration. Le luxe et le confort règnent dans les excellentes voitures qui vous emportent sur cette magnifique voie, chef-d'œuvre de M. Émile Pereire, l'ingénieur habile qui, prenant une intelligente et heureuse initiative, a eu l'insigne et immortel honneur de poser le premier rail sur la terre de France, et de doter notre pays de cette admirable création.

LIGNE DE PARIS A CALAIS.

Le signal est donné, la vapeur siffle, la cheminée de la locomotive s'empanache d'une ondoyante fumée. — Nous partons.

Nous laissons sur la gauche et derrière nous Montmartre, — le Mont des Martyrs.

Un instant nous suffit pour traverser la plaine Saint-Denis, si chère aux bourgeois parisiens lorsque arrive l'époque de l'ouverture de la chasse ; nous apercevons bientôt les frais ombrages du parc du château de Saint-Ouen, et nous arrivons d'abord à la station de *Saint-Denis*, qui est la première du chemin du Nord.

La magnifique clocher de Saint-Denis, qui s'élançait dans le ciel d'un jet si grave et si hardi à la fois, a disparu des hautes régions qu'il habitait. Il menaçait ruine ; on l'a démoli. Le péril a fait ce que la terreur de Louis XIV n'aurait pas osé faire. — On sait que l'aspect du clocher de Saint-Denis frappait d'une impression funèbre l'âme du grand roi, lorsqu'il apercevait des fenêtres du château de Saint-Germain le monument de sa dernière demeure, ce clocher qui dessinait sur l'azur du ciel les mots qu'échangent les trappistes, et qui semblait dire au grand roi : — « Sire, il faut mourir ! »

A peine avons-nous passé la station de Saint-Denis, que nous entrons dans la vallée de Montmorency.

Le nom de Montmorency apporte à l'imagination des Parisiens les idées les plus riantes ; il se présente avec tout le gracieux cortége des plaisirs champêtres : c'est le lieu de prédilection des bons bourgeois, des petits rentiers, des commis et des grisettes. Une partie d'âne à Montmorency est le rêve de l'hiver qu'ils réalisent en été. Chaque jour de beau temps dans la

Vue générale de Montmorency.

belle saison, chaque dimanche surtout, de joyeuses cavalcades, montées sur des coursiers à longues oreilles se répandent dans la forêt de Montmorency et fatiguent les échos du bruit de leurs ébats.

Nous voici à *Enghien*. — Cette station est toujours très-animée ; il s'y fait un grand mouvement de voyageurs. Beaucoup de passants s'y font descendre. Il y a peu d'endroits aussi charmants aux environs de la grande ville. Le lac d'Enghien est une des merveilles de la banlieue de Paris. Autour de ce lac règne un collier de villas délicieuses, la plupart construites en forme de chalets suisses, d'autres en petites maisons gothiques, se mirant dans les eaux paisibles sur lesquelles glissent de légères et élégantes embarcations. Dans les jours de fête, après avoir joui du plaisir de la promenade et de la navigation, la foule se porte vers le parc, séjour d'enchantements, où l'appelle le retentissement de l'orchestre, où l'attire l'éclat des illuminations étincelantes.

Lac d'Enghien.

D'Enghien le convoi stationne à Ermont, à Franconville, à Herblay, et nous voici à Pontoise.

Pontoise, il n'y a pas d'étymologie plus claire que celle-là : — « Un pont sur l'Oise, » qui coule au pied de la ville, bâtie sur un coteau escarpé, dans une position courbée sur le sol, une place forte. La date certaine, sinon de la naissance, du moins de l'existence de Pontoise, remonte au temps des incursions des Normands, dans le IXe siècle. Après les Normands ce furent les Anglais qui la prirent et la gardèrent d'abord pendant quarante ans. Ils la perdirent par surprise et la reprirent par un singulier stratagème. C'était au mois de février; une couche épaisse de neige couvrait le pays.

Pontoise.

Le général anglais Talbot fit habiller ses soldats d'un vêtement de toile blanche qui les enveloppait de la tête aux pieds; puis la troupe ainsi costumée, courbée sur le sol, rampant au milieu des neiges dont elle avait revêtu la couleur pour se rendre invisible, arriva au fossé, planta les échelles, escalada les murailles et s'empara de la ville.

Quatre ans après cette reclute aux mains des Anglais, Pontoise fut délivrée par le roi Charles VII, qui vint faire le siège de la place, et qui, l'ayant reprise, la fit rentrer au domaine de la couronne de France.

En quittant Pontoise, le chemin de fer entre dans la charmante vallée de l'Oise, passe devant le long village d'Auvers, où le convoi s'arrête un instant pour s'élancer plus rapide sur la voie qui le porte d'abord à l'Ile-Adam, septième station. Sur toute la ligne du chemin du Nord, il y a peu de sites aussi intéressants que celui-là. Ici la rivière s'élargit; ses bords sont admirables, couverts de beaux arbres et de riantes habitations. Au milieu de l'Oise s'élèvent des îles délicieuses qui semblent des corbeilles de verdure nageant sur les flots. A l'horizon s'étend une vaste forêt. Le bourg de l'Ile-Adam occupe dans ce paysage une position pittoresque; tout y respire le calme et la prospérité.

Vient ensuite Beaumont, petite ville qui montre aux voyageurs sa lourde église et sa promenade, c'est-à-dire tout ce qu'elle a de mieux. Les petites villes sont un peu comme la plus belle fille du monde : elles ne peuvent donner que ce qu'elles ont.

Il y a une station à Boran, une autre à Saint-Leu, — et ce Saint-Leu cause plus d'une méprise de la part des passagers qui veulent se rendre au

Saint-Leu de la vallée de Montmorency et qui se trouvent transportés bien loin de leur destination par le chemin de fer, qui ne connaît d'autre Saint-Leu que celui inscrit sur la carte de ses stations.

Le pont de Boran.

La puissante machine qui vient de vous amener si rapidement jusqu'à Creil a ralenti son mouvement de rotation; la locomotive obéissante sous la main qui la dirige laisse échapper sa blanche écume, qui se dissipe en fumée. Mettons pied à terre, puisque le convoi s'est arrêté, et faisons notre excursion dans le domaine de l'histoire, tandis que les voyageurs qui sont partis à jeun vont faire une station gastronomique au restaurant établi là par les soins de l'administration du chemin de fer.

Nous arrivons à Creil. Creil était jadis une ville considérable; elle avait un château qui fut une résidence royale. Aux fenêtres de ce château, les habitants de Creil virent souvent apparaître une pâle figure, triste et morne, au front plissé de rides, aux regards égarés, — et à côté, un gracieux visage de jeune fille, frais et charmant, aux yeux tendres et au doux sourire. La figure pâle était le roi de France Charles VI, frappé de démence; le gracieux visage était Odette de Champdivers, la belle jeune fille, placée auprès du fou comme un amusement et une consolation.

Creil.

Aujourd'hui, du château de Creil il ne reste plus que quelques pierres, et la ville n'est plus que l'ombre de ce qu'elle était autrefois. On ne se douterait guère, à la voir telle qu'elle est maintenant, que jadis Creil était une place forte comme Pontoise, et que Charles VII vint à la tête de son armée la reprendre aux Anglais. — Devant la ville, sur la rivière, est une île où se trouve la fabrique de porcelaines qui fait la réputation de Creil et qui contribue à sa fortune.

Au delà de Creil, vous quittez les bords de l'Oise, mais le pays que vous traversez n'en est pas moins attrayant. La station de Liancourt est située à un quart de lieue du village de ce nom et du château que la révolution abattit à moitié, pour le punir sans doute d'avoir donné l'hospitalité à Louis XIV. Ce qui reste de cette demeure forme encore une très-belle habitation; les charmants jardins qui l'environnent donneraient envie de s'arrêter à la station de Liancourt; — mais il y a sur la route tant de beaux jardins, de sites enchanteurs, de villes intéressantes, de curieux monuments, que si l'on s'arrêtait à chaque invitation, la saison d'été tout entière suffirait à peine pour se rendre de Paris à Londres.

La petite ville de Clermont, située dans un pays qui portait autrefois le nom de Beauvoisis, est célèbre en ce qu'elle forma jadis un comté qui fut l'apanage de Robert de France, tige de la maison de Bourbon. — Peu de villes ont subi autant que celle-ci de fortunes diverses. Dévastée par la Jacquerie, brûlée par les Anglais, renaissant de ses cendres, elle appartenait à la France, lorsque le brave La Hire la donna pour sa rançon aux Anglais, qui l'avaient fait prisonnier par trahison et surprise, pendant qu'il jouait à la paume. Redevenue française, elle fut vendue pour le prix de trois cent soixante mille livres au duc de Brunswick par le roi Charles IX, qui manquait d'argent pour ruiner et abattre les protestants. Puis la duchesse de Brunswick vendit la ville de Clermont au duc de Lorraine; puis enfin, et par suite de la félonie du connétable de Bourbon, elle fit de nouveau, et pour toujours sans doute, retour à la France; mais pourtant son état ne fut pas immédiatement fixé, car elle se trouve comprise dans la circonscription de la Picardie avant d'être réunie au domaine de l'Ile-de-France.

Clermont (l'église et l'hôtel de ville).

Sur les ruines du château qui domine Clermont, on a construit une maison centrale de détention pour femmes. Au bas de cet édifice s'étend une belle promenade nommée le Chatellier. Les curieux qui s'arrêtent à Clermont visitent sa remarquable église, commencée au xiv° siècle et terminée au xvi°, — et l'hôtel de ville, qui fut bâti sous le règne de Philippe le Bel, né à Clermont. — De la promenade du Chatellier, on jouit d'un coup d'œil magnifique qui embrasse la vallée dorée, ainsi nommée à cause de sa fertilité. Le territoire de Clermont est très-abondant en fruits, et on estime que la seule récolte des cerises y produit chaque année environ quatre-vingt mille francs.

Entre Clermont et Saint-Just, la physionomie du pays change tout à coup et prend un aspect moins riant; la campagne est nue, le terrain très-accidenté; il a fallu de grands travaux pour établir la voie ferrée sur une surface plane au milieu de ces ondulations.

Mais nous voici à la station de Breteuil, placée à une assez grande distance de la ville dont elle a pris le nom. Nous arrivons ensuite à la station d'Ailly, village dont la seigneurie et le nom appartenaient autrefois à une famille que Voltaire a illustrée dans la Henriade. Cette noble famille d'Ailly avait dans ses apanages le titre et l'emploi de vidame d'Amiens.

Boves vient après Ailly. — Il n'y aurait rien à dire de Boves, si les ruines de son château n'étaient là pour nous rappeler qu'au temps où Henri IV guerroyait en Picardie pour conquérir la couronne de France, cette demeure abrita souvent les rendez-vous du vert-galant avec Gabrielle d'Estrées.

Enfin, traversant toujours un pays tourmenté, où le chemin ne s'est fait qu'à force de tranchées et de remblais, nous arrivons à la station d'Amiens, où les voyageurs du chemin de fer, dont l'appétit est stimulé par l'air vif des plateaux de l'Oise et de la Somme, se montrent généralement fort satisfaits de trouver un buffet abondamment pourvu.

Amiens est une des principales villes de France et des plus belles; elle a plus d'une lieue de circonférence; elle est bien bâtie et ornée de beaux édifices. Sa situation sur les bords de la Somme est agréable et avantageuse. Ses promenades ont de charmants aspects. Parmi les monuments curieux qui la décorent, le plus splendide est sa célèbre cathédrale, une des plus magnifiques églises de l'Europe. Élevée sur les ruines d'une ancienne basi-

Amiens.

lique détruite par le feu du ciel, elle fut commencée en 1220. Son fondateur était l'évêque Evrard du Fouilloy; l'architecte qui entreprit sa construction se nommait Robert de Luzarches, et c'était l'artiste le plus habile du xiii° siècle. Mais en ce temps-là on bâtissait lentement, et l'architecte n'eut pas la gloire de terminer son œuvre, pas plus que l'évêque fondateur n'eut la satisfaction de voir son église achevée. Ce ne fut que cinquante ans après la pose de la première pierre que la cathédrale d'Amiens fut terminée, et c'est

encore là un miracle de célérité, si l'on considère que de pareils travaux prenaient ordinairement un ou deux siècles.

Amiens a donné le jour à quelques hommes célèbres. Dans le nombre, nous citerons Pierre l'Ermite, le prédicateur qui arma la chrétienté pour la croisade. Après cet homme, qui a joué un si grand rôle dans l'histoire et dans les destinées du monde, comment nommer Voiture, né aussi à Amiens; Voiture, le bel esprit quintessencié, le faiseur de phrases alambiquées, le poëte des sonnets précieux qui faisaient les délices de l'hôtel de Rambouillet! Le savant historien Ducange naquit aussi à Amiens, ainsi que Gresset, le chantre aimable de Vert-Vert.

En sortant d'Amiens, le convoi du chemin de fer revient sur ses pas, durant l'espace de trois kilomètres, pour reprendre la route d'Arras. La première station est à Corbie, petite ville de guerre souvent citée dans l'histoire militaire de la Picardie. Les fortifications de Corbie furent rasées par ordre de Louis XIV; — puis vient Albert.

Le convoi franchit rapidement les modestes et obscures stations d'Achiet et de Boileux, et il arrive à Arras.

Si Louis XIV fit détruire les fortifications de Corbie, en revanche il fit construire celles d'Arras. En passant devant ces murailles élevées par Vauban, on comprend qu'on approche de la frontière. Arras est une des sentinelles avancées qui gardent le pays. — La ville date des temps les plus reculés où plongent les regards de l'histoire. Elle fut prise par César, par les Francs, par les Vandales, par les Normands, par les Espagnols; elle subit toutes les mauvaises chances de la guerre, et changea souvent de maîtres jusqu'au jour où la France s'en empara et la réunit à son territoire.

Arras (le rivage).

La cathédrale occupe la place de l'ancienne et fameuse abbaye de Saint-Waast, démolie vers le milieu du siècle dernier par le cardinal de Rohan, évêque d'Arras; — on y voit une remarquable statue qui date du xvi° siècle, et qui représente un abbé de Saint-Waast rendant le dernier soupir en donnant une bénédiction.

D'Arras à Douai, il y a deux stations, Ravux et Vitry, qui n'offrent aucune particularité historique. Un peu après Vitry, on entre dans le département du Nord.

Nous voici à Douai. C'est encore ici une forte citadelle, une des gardiennes de la France. L'origine de Douai ne paraît pas remonter au delà des derniers temps de la domination romaine dans les Gaules. Depuis cette époque jusqu'au ix° siècle, rien ne révèle l'existence de Douai, dont il est fait mention seulement lors de la création du comté de Flandre.

Hôtel de Ville de Douai. — Le Beffroi.

Douai renferme beaucoup de maisons anciennes, de style flamand, d'architecture espagnole, de forme gothique; les monuments du passé sont conservés avec soin dans cette ville et les traditions des temps reculés s'y maintiennent avec un zèle patriotique. Ainsi depuis quatre siècles environ Douai voit se renouveler chaque année sa fameuse promenade du géant *Gayant* et de sa famille, qui attire dans ses murs une affluence considérable de curieux.

En quittant Douai, la ligne de fer passe du département du Nord au département du Pas-de-Calais, qu'elle embroche alternativement. Ainsi, la station de *Leforest* est dans le Pas-de-Calais, puis le chemin entre dans la commune d'Ostricourt, qui appartient au Nord; il arrive à la station de *Carvin*, qui est encore du Pas-de-Calais, puis à celle de *Seclin*, qui fait partie du département du Nord. Nous sommes à *Lille*.

Au delà de Seclin, le chemin entre dans la plaine de Lille, toute couverte de moulins qui battent de l'uile au souffle du vent, et dont les meules font ruisseler l'huile de colza. Bientôt le convoi s'arrête dans le faubourg de Fives où est située la station. Nous sommes à *Lille*.

Combien de grandes et belles villes traversées dans ce court trajet de Paris à la frontière du Nord! Amiens, Arras, Douai, Lille; en moins de quatre heures, trois chefs-lieux de préfecture, et en moins de neuf heures, vous arrivez de Paris à Lille, que deux stations et une heure vingt minutes séparent de la Belgique.

LIGNE DE LILLE A DUNKERQUE ET A CALAIS.

Il est impossible d'entrer à Lille sans être frappé de l'imposante majesté de ses fortifications. Pour pénétrer dans son sein, il faut traverser, en les admirant, ses formidables lignes de défense, les remparts, les ponts, les

Lille (vue du pont Neuf, de l'Hôpital général et de l'Église de la Madeleine).

fossés, les poternes, ceinture épaisse et multiple, faite de divers rubans de pierre, de terre, d'eau. C'est le chef-d'œuvre de Vauban. Les Autrichiens, qui vinrent assiéger Lille, en 1792, épuisèrent vainement leurs efforts contre cette place. Lille subit sept jours de bombardement. Ses habitants, qui avaient pris les armes, combattirent si vaillamment avec la garnison, que l'armée autrichienne battit en retraite, après avoir éprouvé des pertes énormes.

Lille (vue de la Grande-Place).

La position stratégique de Lille, son importance militaire, sa force, les troupes nombreuses qui l'occupent, le bruit des armes qui retentit sans cesse dans son sein, n'empêchent pas qu'elle soit très-industrieuse et riche d'un grand nombre de manufactures qui emploient un nombre considérable d'ouvriers.

La ville est belle, bien dessinée, bien bâtie. Ainsi que cela devait être dans une cité dont le passé se compose de souvenirs si belliqueux, plusieurs de ses monuments ont une signification militaire. — La porte de Paris est un arc de triomphe élevé en l'honneur de Louis XIV. Au milieu de la Grande-Place, une colonne commémorative rappelle le glorieux souvenir

des citoyens qui succombèrent en défendant leur ville natale et la France entière contre les Autrichiens, pendant le siége de 1792. — La colonne n'a été érigée qu'en 1844. Les braves Lillois glorieusement morts sur leurs remparts ont attendu cinquante-deux ans ce tardif hommage. Mais le délai avait encore été plus long pour Louis XIV : le grand roi avait pris la ville en 1667, on lui éleva son arc de triomphe en 1782. — Lille était donc en retard de cent quinze ans avec l'auguste monarque qui, de son vivant, se plaignait un jour d'avoir failli attendre.

Le musée de Lille est un des plus beaux de nos départements. On sent ici le voisinage de la Belgique, du pays si riche en collections de tableaux; on se rappelle que l'on est dans la patrie de cette puissante et merveilleuse école flamande qui a mis au monde tant de chefs-d'œuvre. Le musée de Lille est comme la première station artistique dans le voyage que les amateurs de peinture font à travers les Flandres et la Hollande, pour admirer les plus belles toiles de Rubens, de Van Dyck, de Paul Potter, de Téniers, de Terburg, de Van Ostade, de Miéris et de tant d'autres maîtres illustres produits par cette école si prodigieusement féconde.

Non-seulement le musée de Lille possède de belles pages des maîtres flamands, italiens et espagnols, mais encore on y retrouve quelques œuvres remarquables de l'école moderne française.

DE LILLE A DUNKERQUE.

De Lille part le double embranchement qui se bifurque à Hazebrouck sur Calais et sur Dunkerque.

Pérenchies est la première station; c'est un bourg industrieux qui compte un millier d'habitants.

Vient ensuite *Armentières*, jolie petite ville, autrefois fortifiée, située sur la rive droite de la Lys, très-commerçante, et possédant huit mille âmes de population.

Steenwerck sépare Armentières de *Bailleul*, quatrième station, ancienne ville dont vous doit son nom à sa beauté. — *Bailleul*, en flamand, signifie *belle*. Son origine date du temps de l'invasion des Gaules par Jules César. Elle fut souvent saccagée dans les guerres dont ce pays fut si longtemps le théâtre, et incendiée huit fois, depuis le XIIIe siècle jusqu'à l'année 1681, où le feu la dévora par accident. Élégamment reconstruite sur une éminence, Bailleul offre un charmant aspect, qui la rend tout à fait digne de son nom. Elle a dix mille habitants.

Nous franchissons *Strazeele*, et nous voici à *Hazebrouck*, un des chefs-lieux de sous-préfecture du département du Nord, petite ville très-commerçante et qui a des marchés considérables. Sa principale rue est une ancienne voie romaine, allant à Gand, et traversant ce pays maintenant si fertile, et qui alors était couvert de marécages, ainsi que l'indique le mot celtique *brouck*, — marais.

Les deux voies de Calais et de Dunkerque se séparent à Hazebrouck.

Sur la route de Dunkerque, nous trouvons d'abord *Cassel*, ancien château romain, autour duquel un bourg se groupa, puis une ville qui fut place-forte, et qui aujourd'hui est démantelée. Deux rois de France, Philippe Auguste et Philippe le Bel, assiégèrent et prirent Cassel. Plusieurs batailles mémorables furent livrées sous ses murs et dans ses environs. Cette ville a encore eu dans ces derniers temps un titre de gloire militaire : un des plus vaillants généraux de l'empire, le général Vandamme, naquit à Cassel.

Deux petites stations, *Arnecke* et *Esquelbecq*, précèdent *Bergues*, jolie petite ville et place-forte, que les Anglais assiégèrent en vain en 1793. Elle a six mille habitants.

Dunkerque.

Nous voici à *Dunkerque*. — Salut à la patrie de Jean Bart!

L'histoire de cette ville est toute composée d'aventures maritimes. De tout temps, Dunkerque fut un nid de corsaires, — dans la bonne acception du titre; — vaillants corsaires qui combattaient loyalement, déclarant et faisant la guerre aux plus grandes puissances, attaquant les flottes de l'Angleterre et de la Hollande, et presque toujours victorieux, ramenant au port, remorqués par leurs légers navires, les gros vaisseaux ennemis, souvent une escadre entière et d'immenses convois de bâtiments marchands, opulente proie qui enrichissait les vainqueurs et répandait dans la ville l'or et la prospérité.

La situation de Dunkerque sur les deux mers se prêtait merveilleusement à ces entreprises, de même qu'il fallait de ce port un objet d'envie, et dont la France, l'Angleterre, la Hollande, l'Espagne, se disputaient sans cesse la possession. Dunkerque appartenait aux Espagnols, lorsque Philippe II équipa cette fameuse *armada*, qui devait conquérir l'Angleterre et détrôner Élisabeth. A peine sortie du port, l'immense flotte devint le jouet des vents contraires, et l'amiral anglais Drake acheva l'œuvre de la tempête. Un pilote dunkerquois rassembla les débris de l'*armada* et les ramena en Espagne.

Dunkerque est une des plus jolies villes de France, et son seul port sur la mer du Nord. Sa rade est une des plus belles de l'Europe. Sa plage magnifique est très-favorable aux bains de mer, et un bel établissement s'ouvre aux baigneurs qui s'y rendent chaque été. Les curieux trouveront dans ce port d'intéressants tableaux de mœurs maritimes ; — un spectacle très-pittoresque est le départ pour la pêche de la morue et des harengs.

DE LILLE A CALAIS.

Revenons maintenant à Hazebrouck pour prendre la ligne de Calais.

La première station est *Eblinghem*, qui doit sa seule importance au chemin de fer.

Nous passons du département du Nord dans le département du Pas-de-Calais. La seconde station est *Saint-Omer*, une jolie ville, une place forte, un chef-lieu de sous-préfecture, un grand commerce, beaucoup d'industrie,

Saint-Omer.

et vingt-un mille âmes de population. Saint-Omer a une origine monacale ; elle eut pour fondateurs les abbés de Saint-Bertin. Devenue place de guerre, elle fut assiégée et prise par Louis XI et par Louis XIV. On remarque sa belle cathédrale gothique. Elle a vu naître l'abbé Suger, — un des rares ministres qui ont fait beaucoup de bien à la France.

Watten est une station qui n'a pas plus d'importance qu'Eblinghem.

Audruick est un bourg qui compte deux mille trois cents habitants.

Ardres est une petite ville qui renferme le même chiffre de population, et qui s'occupe à distiller le grain, à raffiner le sel, à fabriquer le tulle.

Saint-Pierre-lès-Calais est une ville qui renferme près de onze mille âmes, et qui est en quelque sorte un faubourg de Calais. A peine avons-nous traversé le faubourg, que la locomotive nous fait toucher son rivage.

Calais n'a pas la physionomie anglaise de Boulogne, et cependant c'est celui de nos ports qui est le plus voisin des côtes de la Grande-Bretagne, pendant plus de deux siècles cette ville a été possédée par l'Angleterre. Triste période dans l'histoire de France et dans les annales de Calais !

Pris par les Anglais en 1347, Calais ne fut repris par les Français que deux cent onze ans plus tard, en 1558. Ce fut le duc de Guise qui eut la gloire de reconquérir cette place à la France, et, de plus, il eut l'avantage d'accomplir en sept jours, et de vive force, une conquête que l'Angleterre n'avait obtenue que par la famine et après une année de blocus.

Marie Tudor était alors reine d'Angleterre, et elle conçut de la perte de Calais un chagrin dont elle ne se consola jamais. A sa dernière heure, elle disait « qué si, après sa mort, on lui ouvrait la poitrine, on trouverait le nom de Calais gravé sur son cœur. »

Vers la fin du XVIe siècle, Calais fut encore enlevé à la France par l'archiduc Albert, qui, moins clément que le roi d'Angleterre, passa par les armes neuf cents bourgeois. Trois ans après, la ville fut restituée à la France par le traité de Vervins, et depuis lors elle ne cessa pas de lui appartenir. Henri VII d'Angleterre avait habité Calais pendant la peste qui désola l'Angleterre ; les rois de France Henri IV, Louis XIV et Louis XV la visitèrent à diverses reprises. C'est à Calais que Louis XVIII débarqua, le 24 avril 1814 ; il y fut reçu avec un grand enthousiasme ; on éleva une colonne en mémoire de cet événement, et le bronze conserva l'empreinte du pas royal touchant le sol de France.

La mer s'éloigne peu à peu de Calais, et les ensablements envahissent le port ; mais d'incessants et habiles travaux combattent ces inconvénients. Le monument le plus curieux est le palais que le roi d'Angleterre fit bâtir au XIVe siècle, et que le roi de France Henri II donna au duc de Guise pour le récompenser de sa conquête. On remarque de belles églises dans cette ville, qui, pendant deux siècles, releva de l'archevêché de Cantorbery. L'église paroissiale de Notre-Dame-de-Bon-Secours possède un beau tableau de Van Dyck, représentant l'Assomption de la Vierge.

Calais ne compte que treize à quatorze mille habitants ; mais elle est sans cesse envahie par la foule des voyageurs ; il n'y a pas de port plus animé, plus fréquenté par les passagers, que lui amène de toutes parts sa proximité avec l'Angleterre.

L'embarcadère du chemin de fer du Nord à Calais est situé sur le quai même d'où partent les paquebots.

LIGNE D'AMIENS A BOULOGNE.

Et maintenant revenons à Amiens pour jeter un rapide coup d'œil sur l'embranchement de Boulogne, qui a une si grande importance, étant la ligne de communication la plus suivie entre la France et l'Angleterre.

En sortant d'*Amiens* on traverse un pays fertile, une campagne opulente.

Embarcadère d'Amiens, vue intérieure.

Piquigny, — *Hangest*, — *Longpré*, sont les premières stations dans cette riche contrée qui produit en abondance le blé, le chanvre, le lin, et qui nourrit un grand nombre de bestiaux. — Vient ensuite *Pont-Rémy*, qui fait remonter au XVe siècle ses souvenirs militaires. Philippe le Bon attaqua cette place, alors très-forte, en 1421, — et il avait déjà éprouvé quelques échecs de la part des assiégés lorsque les arbalétriers d'Amiens arrivèrent à son secours, par la Somme, sur douze grandes barques. La place céda, — « et ce même jour, dit Monstrelet, furent embrasés l'île et « châtel de Pont-Rémy, où il y avoit moult belles habitations. »

De Pont-Rémy nous passons à *Abbeville*.

De tout temps Abbeville fut citée comme un agréable séjour. Froissart nous dit que l'infortuné Charles VI, dans les instants de répit que lui laissaient ses souffrances physiques et ses défaillances intellectuelles, revenait avec empressement dans cette ville, où il demeurait volontiers ; et le chroniqueur ajoute que dans aucune autre cité ni pays de France il n'y avait autant d'ébattement et de plaisance qu'à Abbeville et ses environs.

Abbeville.

Au XVe siècle la fabrication du drap était déjà florissante à Abbeville. Les chroniques rapportent que le roi Charles VIII, étant dans cette ville en 1493, permit aux compagnons *pareurs de drap* de danser devant lui, dans la cour du prieuré de Saint-Pierre, une ronde au milieu de laquelle il se plaça. — Colbert encouragea cette industrie et l'amena au plus haut degré de prospérité par un établissement qui, fondé depuis près de deux siècles, fixe encore aujourd'hui la curiosité des étrangers.

Le monument le plus remarquable d'Abbeville est l'église de Saint-Vulfran, d'une origine très-ancienne, mais qui fut reconstruite au XVIe siècle. La date de 1543, inscrite à la voûte du chœur, établit l'époque de cette reconstruction, qui ne saurait être douteuse pour les archéologues. Bien mieux et bien plus sûrement encore que le chiffre gravé sur la pierre, l'ensemble et les détails du monument révèlent le siècle auquel il appartient. On y retrouve la confusion des styles, l'irrégularité pittoresque, l'originalité charmante, les fantaisies singulières, les naïfs anachronismes et la profusion d'ornements qui caractérisent les artistes de ce temps-là. Deux tours carrées s'élèvent aux deux côtés du portail, chargé de sculptures et de blasons. Les galeries à compartiments qui contournent la nef sont d'un effet magnifique.

Il ne reste de monuments anciens dans Abbeville que cette église de Saint-Vulfran, la prison, débris du château des comtes de Ponthieu, qui faisait, par sa splendeur, l'étonnement, l'admiration et l'orgueil de la Picardie et de l'Artois.

La bibliothèque de la ville possède quelques raretés, parmi lesquelles on cite un manuscrit des saints Évangiles, en lettres d'or sur vélin pourpre, dont Charlemagne fit présent, dit-on, à Angilbert, abbé de Saint-Riquier.

Abbeville se glorifie d'avoir vu naître le gracieux et mélancolique poëte Millevoye, — et ses annales sont attristées par le souvenir de la sentence que prononcèrent ses magistrats et de l'affreux supplice que subit le jeune et malheureux chevalier de La Barre, accusé d'avoir chanté des couplets licencieux et de ne pas s'être découvert la tête devant une procession.

Après avoir quitté Abbeville et franchi la station de *Noyelle*, vous remarquerez que le pays prend un nouvel aspect et devient plus pittoresque. Le terrain est plus accidenté; les vastes plaines sont bornées et encadrées au loin par les collines et les bois du Boulonnais, les dunes et les falaises qui bordent la Manche. Au IXᵉ siècle, la mer couvrait encore cette plaine immense. Les flots, en se retirant, n'y laissèrent qu'une large lagune, une mare dans les terres, d'où vient le nom de *Marquenterre*, donné à cette contrée, la plus féconde et la plus riche de la Picardie.

La petite ville de *Rue* est construite sur ce sol abandonné par l'Océan. Jadis le pied de ses murailles baignait dans les flots; aujourd'hui elle est à plus d'une lieue de la mer.

La petite ville de *Rue* a deux mille habitants. — Entre cette station et celle de *Montreuil-sur-Mer* ou *Montreuil-Vernon*, nous passons du département de la Somme dans le département du Pas-de-Calais, dont la ville de Montreuil-sur-Mer est un des chefs-lieux de sous-préfecture. Elle date du IXᵉ siècle, et fut fondée par le premier comte de Ponthieu. Sa situation à l'embouchure de la Canche lui a donné, dès son origine, une importance militaire. Elle est classée parmi les places fortes de second ordre. En remontant la Canche, on arrive à Hesdin, jolie petite ville, à moitié bâtie par Charles-Quint, munie de remparts, peuplée de quatre mille habitants, et où naquit l'abbé Prévost, le spirituel et charmant auteur de *Manon Lescaut*.

Depuis la station de *Noyelle*, le chemin de fer longe le rivage de la mer et le serre toujours de plus près, en passant à Verton, puis à *Étaples*, petite ville de deux mille cinq cents âmes et petit port très-commerçant, — franchissant ensuite *Neufchatel* et *Pont-de-Brique*, pour arriver enfin à Boulogne.

Nous voici à *Boulogne*, une des villes de France les plus agréables, les plus animées. — Mais sommes-nous bien en France ? — Au premier abord on pourrait en douter et s'y tromper, tant le cachet britannique est ici fortement imprimé. La physionomie, les tournures, les usages, tout est anglais dans cette ville française. On y parle la langue de Shakspeare beaucoup plus que celle de Racine, et parmi ses habitants les indigènes sont en minorité; le plus grand nombre a vu le jour de l'autre côté du détroit : — Ce sont des émigrants qui ont quitté leur patrie pour divers motifs; les uns par économie, les autres par fantaisie; ceux-ci par raison de santé, ceux-là pour se soustraire à leurs créanciers. La traversée se fait si vite ! Au moindre désagrément, au plus léger caprice, on part, et au bout de deux heures on se trouve à l'abri, sous la protection de l'hospitalité. Ces aventuriers, hâtons-nous de le dire, ne formentqu'une rare exception. La plupart des Anglais que l'on rencontre à Boulogne y sont établis régulièrement et à titre honorable. Ils ont fait de cette ville une véritable colonie anglaise, et sont presque parvenus à effacer cette empreinte britannique, qui excite si vivement la surprise des Français arrivant pour la première fois à Boulogne.

Le port si fréquenté de Boulogne est très-beau, d'un facile accès, formé de deux larges bassins, joints ensemble par un quai et défendus par plusieurs forts. Ce fut Jules César qui choisit cet endroit, comme le plus favorable à former une station navale, et il en fit le centre de ses opérations maritimes contre les Bretons. La ville fut construite sur le plan de Bologne en Italie, et c'est de là qu'elle prit son nom. A cette époque, l'an 50 avant Jésus-Christ, — la mer s'élevait jusqu'à l'emplacement occupé par la ville haute, ainsi que le prouvent plusieurs documents, et entre autres la découverte récemment faite d'un anneau destiné à retenir les câbles, fixé dans une roche qui formait le fond d'une cave. Cette ville haute, détruite par les Normands, au IXᵉ siècle, saccagée par l'armée de Charles-Quint, qui prit Boulogne en 1555, est d'un pauvre aspect, mal bâtie, composée de rues étroites et irrégulières ; — la ville basse, au contraire, toute moderne, et qui ne fut d'abord qu'un petit faubourg, est bâtie avec beaucoup de régularité ; c'est le quartier le plus commerçant, le plus peuplé, le plus élégant, — et aussi le plus anglais.

L'empereur Claude, successeur de Caligula, s'embarqua dans le port de Boulogne, pour recevoir l'hommage des Bretons, vaincus par Plautius et Vespasien, ses lieutenants. L'empereur Adrien partit de Boulogne pour la Grande-Bretagne. A l'exemple de César, de Claude, d'Adrien, Bonaparte, qui n'était qu'un premier consul, mais qui déjà rêvait l'empire, voulut aussi armer une flotte à Boulogne, et partir de là pour une vaste conquête. On sait quel fut le sort de ce projet. Le camp de Boulogne n'en est pas moins un des souvenirs les plus éclatants de cette grande époque. Ce fut là que Bonaparte institua, le 19 mai 1802, l'ordre de la Légion-d'Honneur, composé dans l'origine de seize cohortes, formant un total de six mille cinq cent douze légionnaires, — ce qui était suffisant pour une époque aussi glorieuse, mais ce qui ne l'est plus pour la nôtre. Une colonne commémorative, dédiée à la Grande Armée, consacre ces souvenirs de l'ère napoléonienne.

On compte à Boulogne vingt-six mille habitants ; mais ce chiffre de la population fixe est considérablement augmenté par la population flottante de voyageurs qui s'arrêtent dans la ville. Les archives du port constatent que le nombre des passagers s'embarquant ou débarquant à Boulogne s'est élevé, dans ces derniers temps, à cent mille par an. Mais ce nombre sera plus que doublé très-certainement cette année, grâce à la grande Exposition des produits de l'industrie que Londres a ouverte à l'univers entier.

Boulogne.

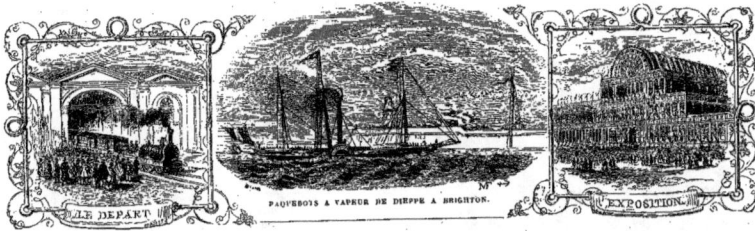

LE DÉPART — PAQUEBOIS A VAPEUR DE DIEPPE A BRIGHTON. — EXPOSITION.

CHEMIN DE FER DE PARIS A LA MER

De Paris à Rouen. — Chacun sait que le beau chemin de fer de Saint-Germain, Versailles, de Paris à Rouen, au Havre et à Dieppe, ce chemin modèle est le point de départ du magnifique parcours de Paris à Londres par la Normandie.

Embarcadère du chemin de fer de Paris à la mer, rue Saint-Lazare.

En quelques lignes, nous allons vous conduire à votre port d'embarquement, à travers les riches et pittoresques prairies de la Normandie.

En partant, vous traversez les Batignolles, en dessous.

Qui ne se souvient de ce qu'étaient les Batignolles il y a vingt ans? Un pauvre hameau tout couvert de chaume où chantaient par-ci par-là quelques guinguettes. Le nom de village eût semblé trop pompeux pour ce chétif amas de masures, plein de fondrières en décembre, aride au mois d'août comme la plaine de Montrouge. Mais voilà qu'un beau jour, et la mode aidant, le hameau est devenu village, le village, bourg, et le bourg, une ville.

L'instant d'après arrive Clichy avec sa haute tour carrée, où le bon roi Dagobert, si célèbre par sa maladresse, eut une maison de campagne. D'un seul bond, le chemin de fer nous emporte, et déjà s'effacent à nos yeux les riants coteaux de Montmorency, les sombres clochers de Saint-Denis, qui semblent toujours montrer le ciel d'un doigt mystérieux, et ces ravissantes îles de Neuilly, semblables aux corbeilles de fleurs et de lianes, que roule le Meschacébé.

Ici, c'est Asnières, un nom de bon augure pour les écoliers, et qui nous rappelle de si belles promenades aux jours de l'école buissonnière; à notre gauche se trouve cette campagne du Marais, si chère à Mirabeau, et dont il partit mourant pour ne jamais revenir. Tout un fait, apercevez-vous un point noir? c'est le convoi de Saint-Germain, qui arrive comme un vent, et qui se croise avec vous, en lâchant une bordée d'éclairs et de bruit, dont vous êtes encore tout étourdi quand tout d'un coup vous atteignez Courbevoie.

Un instant après, vous passez le pont de Bezons et vous traversez la commune de Houilles, dans une profonde tranchée. Vous sortez de cette tranchée pour arriver au pont de *Maisons* par un remblai fort élevé. Le pont de Maisons est en tout semblable au pont de Bezons. C'est la même œuvre, ce sont les mêmes difficultés vaincues. La station de Maisons fait face à la grande allée qui mène au château de M. Laffitte. La forêt de Saint-Germain tout entière est traversée en tranchée. Dans la forêt, neuf ponts sont établis, et au dernier de ces ponts commence un remblai qui se prolonge presque sans interruption jusqu'à *Mantes*. Près de Mureaux se trouve un pont en biais que tous les hommes de l'art proclament comme une des plus difficiles merveilles du chemin. Ce pont est sous un angle de 26 mètres 40 millimètres.

Le village de *Maisons-Laffitte* se nomme ainsi, du nom de cet homme illustre dont le nom a été si longtemps comme le cri de ralliement du progrès et des libertés à venir. Le village est assis sur un coteau pittoresque. Le château de Maisons, riche demeure qui se souvient de Voltaire, montre tout d'abord aux regards charmés sa façade digne du château de Versailles qui lui a servi de modèle. Il fut construit en 1658 par Hardouin Mansard, pour le président de Maisons, surintendant des finances.

Vous pouvez admirer de loin cet illustre château de Saint-Germain dans lequel vint au monde le grand roi Louis XIV. Puis viennent plusieurs humbles villages, mais d'une humilité pittoresque, Sartrouville, Lafrète, Harblay. Le château d'Harblay est entouré d'un bosquet charmant, laissant à peine entrevoir les maisons blanches et les toits de chaume. A votre droite, vous laissez *Conflans*, situé en effet au confluent de la Seine et de l'Oise.

Bientôt *Poissy* se présente, Poissy, ville d'une origine antique, où naquit, le 24 avril 1215, le saint roi Louis IX. Il signait souvent : Louis de Poissy, en mémoire du lieu de sa naissance, et par une modestie qui sied bien à un aussi grand roi. Le marché de Poissy est célèbre ; il fournissait presque exclusivement les boucheries de Paris, avant l'adoption du système de la vente à la criée. Autour de Poissy, plusieurs petits villages se cachent çà et là dans la verdure, Vilaines, Médan, Vernouillet, dans lequel, plus d'une fois, M. le prince de Talleyrand a rendu visite à son frère.

Verneuil, *Triel* : là s'élevait, avant 1789, le château de madame la princesse de Conti ; la position de Triel est des plus agréables : au sommet de la colline s'élève l'église pittoresque, élégante, ornée de beaux vitraux, et surtout fière, à bon droit, d'un admirable tableau du Poussin, représentant l'*Adoration des Mages*.

Voici *Meulan*. A Meulan commence l'histoire de la Normandie. Le comte et les seigneurs du pays furent massacrés par ces hommes du Nord. Philippe-Auguste réunit Meulan à la couronne de France. Cette ville était fortifiée, et elle opposa pendant les guerres civiles une résistance opiniâtre aux troupes du duc de Mayenne, qui furent forcées de lever le siège. — Les deux parties de la ville et le village des Mureaux communiquent ensemble par un pont de pierre fort ancien. Tout en face de Meulan, en aval du pont, est l'Ile-Belle, dont l'abbé Bignon, bibliothécaire de Louis XV, avait fait une île enchantée.

A l'extrémité du pont de Meulan se rencontrent les Mureaux, dont le parc se perd dans les bois de Verneuil, puis Mézy, dans une situation des plus heureuses, puis Juziers, l'ancienne maison de plaisance des évêques de Chartres, et enfin la station d'*Épône*. La ville de Mantes n'est pas loin.

Mantes, la jolie et la bien nommée, n'a pas oublié que dans ses murs en flammes vint tomber, pour mourir un peu plus loin, Guillaume le Bâtard, ce Guillaume le Conquérant, que trois royaumes n'avaient pas pu arrêter dans ses conquêtes. Dans ces murs heureux et paisibles sont les armes à la main, les plus grands capitaines, Du Guesclin pour le reprendre aux Anglais, Philippe-Auguste pour y mourir. Après le siège de Rouen, Henri IV fit à Mantes un assez long séjour.

Mantes est bâtie en regard de Limay, sur le bord de la Seine, et au milieu de sites variés et des plus belles promenades. L'église Notre-Dame, que l'on découvre au loin, est un monument gothique fondé par Jeanne de France.

La station de Mantes est dans une tranchée profonde. On y arrive par un remblai considérable, sous lequel se trouve un pont de cinq arches.

2

De Mantes à *Rosny*, il n'y a qu'un pas pour le chemin de fer. Le plus digne ami de Henri le Grand et son serviteur le plus fidèle, Sully, a laissé son souvenir dans ce vieux château, dont il a parlé avec tant de com-

Mantes.

plaisance dans ses Mémoires. C'est dans ce château qu'il naquit en 1559. Là il vint se reposer des fatigues de la bataille d'Ivry, dans la nuit qui suivit cette mémorable journée. Derrière le village se trouve l'entrée d'une forêt de 4,000 arpents, dans laquelle il fit exécuter une coupe de 100,000 livres, somme alors considérable, pour aider aux maître dans les dépenses de la guerre. Rosny était naguère la maison de plaisance de madame la duchesse de Berry, elle avait acquise de M. Archambault de Périgord.

Le village de Rolleboise est digne de toute l'attention du voyageur; les ingénieurs du chemin de fer ont rencontré à Rolleboise un obstacle qui paraissait invincible.

Le tunnel de Rolleboise a 2,646 mètres de longueur. La montagne est élevée de 70 à 80 mètres au-dessus du tunnel. 800 mètres ont été taillés dans le roc vif et n'ont pas exigé de revêtement intérieur. Malgré un travail acharné du jour et de la nuit, on n'avançait souvent que de quelques mètres par jour. Il a fallu dépenser pour 425,000 livres de poudre à mine; vingt mois ont été nécessaires à l'achèvement de cet ouvrage; tout autant qu'il en a fallu pour tout finir.

Le chemin de halage, la rivière, le chemin de fer, la route royale se rencontrent et se croisent à la sortie du souterrain. On côtoie les bords de la Seine jusqu'à Vernon. Un autre pont très-remarquable est jeté sur le chemin au passage de la route royale. A l'entrée de Vernon se trouve un remblai de 400,000 mètres cubes de terre. Un troisième pont en biais traversée cet ouvrage.

Après *Bonnières*, Pont-Villez, la limite fleurie du département de Seine-et-Oise. Quel dommage cependant que le temps nous manque pour visiter la Roche-Guyon, cet antique château d'une origine toute normande!

Vernon. La fondation de cette ville remonte au xi⁰ siècle : ce n'était alors qu'un château fort sous le nom de *Vernonium castrum*, destiné à défendre cette partie de la Normandie du côté de la France. Elle fut agrandie et fortifiée, en 1123, par Henri Ier d'Angleterre, qui fit élever la grande tour dans laquelle se réfugia, en 1198, Philippe-Auguste, battu par Richard Cœur-de-Lion.

Vous remarquerez l'avenue du château de Bizy; c'était un des plus beaux châteaux de la Normandie. Il eut pour maîtres et seigneurs les comtes d'Eu, le duc de Penthièvre, un des généraux de l'Empereur, et enfin madame la duchesse douairière d'Orléans, qui y fit construire une maison de plaisance dans laquelle elle passait les beaux jours de l'été.

Saint-Just était un ancien hôpital fondé par M. le duc de Penthièvre. — *Saint-Pierre d'Autils* n'est là que pour mémoire. — Pressagny. Pressagny s'appelle Pressagny-l'Orgueilleux; c'est tout ce qu'on en peut dire, et il n'y a pas de quoi être si fier. Dans l'église de Port-Mort a été consacré, le 25 mai de l'an 1200, le mariage de Blanche de Castille et de Louis VIII, fils de Philippe-Auguste.

Tout en face du village de Courcelles se rencontre la station importante de *Gaillon*. C'est un point de départ qui conduit à la ville d'Évreux, au château de Navarre, l'ancien séjour des ducs de Bouillon et de l'impératrice Joséphine, au château de Grisolles, à Auteuil, à Jeufosse, et enfin sur les calmes et magnifiques hauteurs des Rotoirs.

Sur la rive droite de la Seine, et près des Andelys, s'élèvent, au sommet des coteaux qui bordent la vallée, les ruines du château Gaillard. Du milieu de ces ruines, et vers le nord-ouest, vous découvrez les tours gothiques du château de Gaillon. — Poussin est né aux Andelys, et l'on montre encore dans cette ville la chétive maison qui a été habitée par Thomas Corneille.

Voici le tunnel du Roule ou de Villiers, qui n'a pas moins de 1,720 mètres; il a été achevé en dix-sept mois. — Au sortir de ce passage formidable, le chemin de fer reprend sa course en serpentant le penchant des coteaux qui bordent la Seine. De *Saint-Pierre de Vauvray* le chemin est en remblai jusqu'au château de M. de Preslin. Il traverse une plaine de Lery sur un remblai qui le met à l'abri des inondations. Au Manoir, il franchit la Seine sur un pont de six arches de 30 mètres chacune.

Ainsi vous arrivez à *Pont-de-l'Arche*. La Seine se sent déjà entraînée par la mer; la marée se fait sentir déjà sur cette rive si belle et si calme. C'en est fait, la noble rivière comprend qu'elle va quitter la terre de France et ne plus s'appeler que l'Océan. — La ville de Pont-de-l'Arche est située sur la Seine, que l'on traverse sur un pont de vingt-deux arches, un peu au-dessus du confluent de l'Eure; ce pont franchit à la fois trois bras de la Seine. — Pont-de-l'Arche doit son origine à Charles le Chauve, qui la fit bâtir en 884.

Après Pont-de-l'Arche vient la station de *Tourville*. Le tunnel de Tourville a 440 mètres de long; puis vient un remblai qui conduit jusqu'au premier pont d'Oissel.

Mais avant de franchir le *pont d'Oissel*, jetez un coup d'œil sur la ville d'Elbeuf. L'origine de cette ville est peu connue; on sait seulement qu'elle faisait partie de la baronnie de Harcourt, et qu'elle était déjà considérable en 1358, lorsqu'elle fut érigée en comté. L'établissement des manufactures d'Elbeuf remonte à une époque fort éloignée; mais c'est seulement sous le ministère de Colbert qu'elles commencèrent à prendre un grand développement, suspendu bientôt par la révocation de l'édit de Nantes.

Elbeuf est une ville agréablement située, dans une riche vallée bordée au nord par la Seine, et au midi par une chaîne de montagnes que couronne une forêt, dont la limite sépare, ainsi que celle de la Londe, à laquelle elle se lie, les départements de l'Eure et de la Seine-Inférieure. Un pont nouvellement construit réunit la ville à l'autre rive.

D'*Oissel* à Rouen, la Seine est parsemée d'îles riantes, véritables forêts de peupliers et de saules. Dans une de ces îles, les Normands avaient placé un camp formidable.

Au milieu de la large plaine qui s'étend d'Oissel à Rouen, vous rencontrez Saint-Étienne-de-Rouvray; il doit son nom à la vaste forêt de Rouvray, à laquelle se rattachent celles d'Elbeuf et de la Londe, qui couronnent le sommet des collines que contourne la Seine entre Elbeuf et la Bouille. Dans cette forêt, Guillaume le Conquérant se livrait au plaisir de la chasse, quand il reçut la nouvelle qu'à la mort d'Édouard, Harold venait de se faire couronner roi d'Angleterre.

ROUEN.

Vous voici à *Rouen*, dans cette capitale de l'ancienne province de Normandie, dans cette ville qui a été le témoin, l'héroïne et souvent la victime de tant d'événements illustres, depuis le moment où les Romains en ont fait la métropole de la seconde Lyonnaise, jusqu'au jour où l'établissement d'un chemin de fer en a fait un faubourg de Paris.

Vue du port et du cours Boïeldieu.

Rouen s'élève sur la rive droite de la Seine, au fond d'une vallée ouverte vers le sud, autour de laquelle règne, de l'est à l'ouest, une chaîne de montagnes élevées, que coupent, aux deux extrémités, les vallons étroits de Déville et de Darnetal. Sur la plus haute de ces montagnes, celle de Sainte-Catherine, que l'on voit s'avancer comme un promontoire superbe au-dessus de la vallée, s'élancent encore les débris du fort où le marquis de Villars repoussa les assauts du roi de Navarre; et plus loin celle de Darnetal, que surmonte la grande tour gothique de Carville, dont le Béarnais fit un poste d'observation, quand il assiégea le fort de la Ligue.

La rive gauche de la Seine est occupée par la magnifique promenade du Cours et par le faubourg Saint-Sever. Le faubourg, plus grand, plus peuplé et plus vivant que ne le sont beaucoup de villes de France, renferme de belles et nombreuses fabriques, deux vastes casernes, et la maison de Saint-Yon, fondée en 1738 par la confrérie de ce nom, et affectée en 1822 à l'asile des aliénés.

Vous donner une description complète de cette ville de Rouen, la digne capitale de la Normandie, la ville occupée, sérieuse, prévoyante, remplie de souvenirs, serait une description impossible; c'est toute une histoire à écrire, et une des plus grandes histoires qui aient occupé l'attention du monde. Puisque aussi bien nous avons été au pas de course de Paris à Rouen, laissez-nous nous occuper en toute hâte de quelques-uns des monuments illustres que la ville renferme. Vous-même, en parcourant cette noble cité, vous saurez bien découvrir ces grandes œuvres du temps passé ; vous saurez bien les reconnaître à leur élégance, à leur richesse hardie, à cette couleur imposante que le temps imprime aux ouvrages des hommes. Ainsi votre regard ému et charmé saura bien retrouver, dans cet admirable pêle-mêle des temps passés et des temps modernes, la cathédrale, ce chef-d'œuvre auquel ont travaillé tous les grands archevêques de la Normandie et le duc Jean-sans-Terre lui-même. Un monument qui appartient au xiiᵉ siècle et aux belles époques de la Renaissance, le palais de l'archevêque, qui tient à la cathédrale, a été bâti par le cardinal Georges d'Amboise.

Les vieilles maisons de Rouen.

Regardez cependant avec enthousiasme, avec respect, cette merveilleuse abbaye de Saint-Ouen, fondée sous le règne du roi Clotaire. Le moyen âge n'a rien rêvé ni créé de plus beau. L'univers catholique peut se glorifier de basiliques plus vastes, mais non pas plus parfaites dans leur ensemble ni plus riches dans leurs détails. L'église de Saint-Ouen, le miracle de l'architecture gothique, a été de tous temps l'honneur et l'orgueil de la Normandie. Toute description serait inutile, car le peintre le plus habile et le dessinateur le plus hardi, le plus éloquent parmi les poëtes ne sauraient suffire à cette description.

DE ROUEN AU HAVRE.

Quand vous quittez Rouen, pour suivre la ligne du Havre, vous reprenez le chemin à *Sotteville*, village qui est devenu, grâce aux ateliers de fabrication de locomotives et une des curiosités, une des richesses de la Normandie. Après une halte d'un instant, le temps de changer de locomotive, on tourne à droite ; vous rencontrez un remblai qui traverse de vastes prairies, et la Seine est franchie en courant sur un beau pont en charpente, jeté sur l'île Brouilly, vis-à-vis le faubourg d'Eauplet, et porté par dix arches

Vue générale de Rouen, prise du pont de l'île Brouilly.

de quarante mètres d'ouverture. Hâtez-vous, hâtez-vous de regarder sur le coteau de la rive droite l'église de Bon-Secours, construction charmante, empruntée au moyen âge, qui couronne ces hauteurs de sa majesté élégante. C'est un vrai tour de force, cette église de Bon-Secours : elle est faite d'hier, on la croirait bâtie au xiiiᵉ siècle.

Vous voilà déjà bien loin ; les îles, les ponts, les vastes ports, la cathédrale de Rouen disparaissent dans le lointain, les tours de Saint-Ouen s'effacent dans l'azur du ciel ; il faut quitter tout cela d'un clin d'œil ; déjà les

bruits de la ville industrieuse font place au silence de la campagne ; la Seine même semble vous quitter à regret ; vous pénétrez dans les entrailles de cette montagne pittoresque : la côte de Sainte-Catherine. — Ce formidable tunnel de la côte Sainte-Catherine est un abîme de 434 mètres de profondeur sur 4,050 mètres de longueur. Le convoi s'y précipite avec une énergie violente ; le bruit, la fumée, l'obscurité vous emportent... L'instant d'après reparaît le ciel, et avec le ciel, l'air, l'espace, le paysage, le soleil, toute la vallée de Darnetal remplie de ses énergiques travailleurs.

L'aspect de ce paysage est éblouissant ! — Tout travaille et tout chante dans ce petit coin de terre ! La tour gothique de Carville se montre entourée de verdure, la prairie est chargée de fruits et de fleurs ; deux rivières, peu célèbres, mais très-utiles, la rivière de Robec et la rivière d'Audette, filets d'eau qui représentent tant de fortunes, se font reconnaître à la couleur de leurs ondes qui roulent tour à tour le bleu et le vermillon, le blanc et le noir dont elles sont chargées.

Tout de suite après, il faut traverser deux tunnels, l'un de 80 mètres seulement, l'autre (sous les boulevards Saint-Hilaire et Beauvoisine) de 1,472 mètres de longueur, pour arriver à la station dite de la rue Verte.

De la rue Verte, vous passez sous le tunnel Cauchois (1,464 mètres), qui roule sous les faubourgs de Bouvreuil et sous le cimetière Saint-Gervais.

Dans le trop court intervalle qui vous sépare encore du cinquième tunnel de 356 mètres, longue suite de souterrains qui attristent quelque peu le départ, vous pouvez, en passant, jeter un coup d'œil sur le plus beau panorama du monde : au-dessous du feu qui vous emporte, se dessine, verdoyante et calme, la riche vallée de la Seine, pendant que les admirables coteaux de *Canteleu* semblent vous saluer du haut de leurs crêtes riantes et voisines du ciel. Dieu merci, vous avez bien vite franchi le fond de ces arcs et de ces abîmes qui vous séparent de la lumière du jour ; maintenant le soleil marche dans tout son triomphe, vous allez légèrement passer sur le flanc des coteaux de Deville, de Maromme et Bondeville : à chaque pas que vous faites dans la vallée, la vallée change de nom, change d'aspect. On arrive à *Malaunay*.

Les travaux d'art de tout ce parcours sont vraiment merveilleux ! Le viaduc de Malaunay, avec ses huit arches de quinze mètres d'ouverture, sur une hauteur de vingt-cinq mètres, fait songer aux jardins suspendus de Sémiramis.

Que d'efforts ! que de labeurs ! quelle violence imposée au vallon, à la montagne, au ruisseau jaseur, à l'arbre séculaire ; quels difficiles problèmes de l'art de bâtir !

Viaduc de Malaunay.

A l'extrémité du viaduc de Malaunay est posé l'embranchement de Dieppe ; à peine l'avez-vous dépassé que vous entrez sous le tunnel de Notre-Dame-des-Champs. Au sortir de ce grand souterrain (2,000 mètres de longueur), le dernier de quelque importance sur cette ligne, et après avoir franchi quatre kilomètres de terrassements, vous êtes lancés sur le viaduc géant de *Barentin*.

En ce moment, on dirait que la Normandie tout entière veut être passée en revue dans son éclat, dans sa beauté, sa fraîcheur, dans sa poésie. Maintenant que vous avez visité la glorieuse capitale, la voilà donc, dans son agreste magnificence, cette antique province, toujours jeune, et telle que l'ont vue les peintres, les poëtes, les voyageurs, les historiens eux-mêmes qui s'arrêtent plus d'une fois, dans le récit de leurs batailles, pour célébrer la beauté de ces châteaux, la limpidité de ces rivières, la verte fraîcheur de ce paysage. — Le viaduc de Barentin, dont la coupe hardie se présente par une circonférence de huit cents mètres de rayon, se compose de vingt-sept arches de quinze mètres d'ouverture, et élevées de trente-trois mètres, c'est-à-dire de cent pieds au-dessus du niveau de la prairie. La longueur totale de ce viaduc est de cinq cents mètres, tout autant, et l'on ne sait s'il faut admirer davantage l'audace qui a inspiré de pareils travaux, ou le génie qui les a amenés à bonne fin.

On voudrait s'arrêter plus longtemps au milieu de ce vaste panorama : ici, la ravissante vallée ; là, le bourg de Pavilly à Duclair ; là, la rivière de Sainte-Austroberthe se précipitant dans la Seine ; plus loin, le travail immense, le coton, le papier, le mouvement de la route.

Vous quittez Barentin ; vous gravissez par les fraîches sinuosités du vallon, et en coupant de temps à autre ces sinuosités pittoresques d'entailles profondes, la rampe devenue facile qui mènera plus tard au niveau du pays de Caux, et ainsi vous arrivez à *Pavilly*. — C'est un enchantement, ce Pavilly!

A *Flamanville*, le dernier tunnel a 165 mètres de longueur, dans un roc dur et argileux. La station de *Motteville* est située à onze kilomètres. En ce moment enfin, vous rencontrez une plaine, une belle plaine; un grand silence, un vaste espace; c'est que vous êtes arrivés au sommet de ce pays fertile qu'on appelle le pays de Caux, terre des laboureurs, métairies cachées dans les prés, vastes champs cultivés avec soin, — le domaine de la grande culture. — A huit kilomètres de Motteville, vous rencontrez la station d'*Yvetot*, cette ville jadis capitale du petit royaume d'Yvetot, célébré par Béranger, aujourd'hui cité fabricante et industrieuse.

D'*Yvetot* à *Alvimare*, vous franchissez les plateaux bien boisés du pays de Caux, et vous arrivez à la station de *Nointot*; par cette station, la ville de *Bolbec* est déjà en communication par le chemin de fer. Cette ville importante de Bolbec occupe le fond d'une vallée; laborieuse, à elle seule, autant que mille ouvriers, la petite rivière agite des moulins, anime des usines, et après avoir tant filé, et tant tissé, et tant imprimé, et donné la vie à tant d'ateliers, elle s'en va rejoindre la Seine, au-dessous de *Lillebonne*, la ville savante, oubliée en ces lieux par les Romains.

Entre *Nointot* et *Beuzeville*, vous rencontrez la vallée et le viaduc de Mirville, vrai colosse de briques, de cinq cents mètres, porté sur quarante-huit arches de neuf mètres d'ouverture; même quelques-unes de ces arches ont atteint la hauteur énorme de trente-trois mètres d'élévation au-dessus de la vallée.

Plus heureux et cependant plus formidable que le viaduc de Barentin, le viaduc de Mirville n'a pas éprouvé une seule atteinte de ces expériences réitérées; œuvre toute romaine, on peut lui appliquer le *mole sua stat!* dans toute sa rigueur.

De *Beuzeville-Legrenier* à *Saint-Romain*, huit kilomètres. Là s'embranchera plus tard le chemin de Fécamp. Ce pays franchi, on abandonne les calmes latitudes du pays de Caux, et déjà reparaissent les doux aspects, la variété du voyage, les accidents heureux du paysage, le mouvement et la vie des campagnes, les bosquets d'arbres, les ruisseaux limpides, les pentes qui vont toutes seules... des pentes de huit millimètres. — La jolie vallée de Gournay vous ramène par ces beaux sentiers au niveau du bassin de la Seine, non loin de la station de *Harfleur*.

Harfleur.

Harfleur a été autrefois le port principal de la Normandie. Cette ville a joué un grand rôle dans l'histoire des luttes de la France et de l'Angleterre. Épuisée par de longs siéges et de longues vicissitudes, Harfleur finit par perdre toute son importance, par suite du dernier coup que lui porta la révocation de l'édit de Nantes. Si aujourd'hui Harfleur a transmis au Havre la souveraineté dont il jouissait comme port de Normandie, il n'en est pas moins resté un des sites les plus jolis, les plus pittoresques de cette contrée si riche en paysages.

LE HAVRE.

Vous voilà arrivé au *Havre*. Cette ville, le rendez-vous de tous les produits de l'industrie, produit elle-même, et produit beaucoup. Ses chantiers de construction sont les plus beaux de la France; l'œil du marin reconnaît au loin, dans la mâture, les bâtiments construits au Havre. Le Havre possède un entrepôt de sel, une manufacture nationale de tabac. Avec Ingouville, il entretient dix-sept ateliers où se fabrique chaque année pour 136,000 francs de chaises, qui la plupart prennent le chemin des colonies.

Le Havre offre peu de monuments remarquables; son monument, c'est l'Océan. Cependant nous irons voir la tour de François Ier, les deux Hôtels de Ville, les églises de Notre-Dame et de Saint-François; le Palais de Justice et les bassins du port.

La tour de François Ier fut baptisée par le roi-chevalier. Cette tour est solidement construite en pierres calcaires; sa hauteur est de 24 mètres; son diamètre, de 26 mètres, se termine par un parapet découpé de douze embrasures; sur la plate-forme est établi un système de signaux au moyen duquel on correspond avec la Hève et avec les navires sur rade. L'homme oisif,

dans sa promenade du soir, peut jouir, sur cette plate-forme, du magnifique coup d'œil de cet espace des flots et du ciel.

La tour de François Ier.

Le Bassin du Commerce a été creusé dans les anciens fossés des fortifications; il fut commencé en 1788 et achevé en 1792, sous la direction de MM. Lamblardie et Sganzin, ingénieurs des ponts et chaussées; il peut contenir 200 navires, et communique avec les deux bassins, au moyen de porteflots et de ponts-levis tournants.

Vue du bassin du Commerce.

Il n'y a pas longtemps encore, le Havre vous aurait montré avec orgueil sa salle de spectacle; cette salle s'élevait vis-à-vis du bassin du Commerce, sur un des côtés de la place de Louis XIV. Modeste bâtiment assez simple au dehors, mais orné à l'intérieur avec un goût parfait. M. le duc d'Angoulême, en personne, en avait posé la première pierre le 19 octobre 1817. La ville avait inauguré en 1823 sa salle nouvelle avec une joie d'enfant, et pour bouquet à cette fête de famille, elle avait obtenu un charmant prologue d'ouverture de M. Casimir Delavigne, tout plein de l'amour du poëte pour le berceau chéri de ses premières amours. Le feu a tout dévoré! Les ruines fumaient encore, que les maçons étaient déjà à l'œuvre pour rebâtir une autre salle. C'est le plus élégant édifice du Havre sans contredit. On remarque encore au Havre la Citadelle, ou plutôt le quartier militaire. S'il vous restait quelques moments à consacrer à une promenade de touriste, nous vous engagerions à visiter la manufacture des tabacs, l'Entrepôt réel, la Douane et la maison où naquit Bernardin de Saint-Pierre, située rue de la Corderie, 17..... mais la cloche du paquebot sonne : embarque! embarque!

LIGNE DE ROUEN A DIEPPE.

Est-ce la voie de Dieppe et de Brighton que vous avez préférée, vous quittez le chemin du Havre, à Malaunay; comme nous vous l'avons dit, l'embranchement de Dieppe est à quatre-vingts mètres au delà du viaduc de Malaunay.

A peine êtes-vous sur cet embranchement que vous rencontrez le pont de Notre-Dame-des-Champs.

L'instant d'après vous arrivez à la station de *Monville*; le chemin que nous avons à parcourir suit le flanc du coteau du bois d'Eslettes, et le paysage est digne de toute l'attention du voyageur. La station de Monville est au bout de ce coteau; elle est construite exactement sur le passage de la trombe qui fit tant de ravages au mois d'août 1845.

En quittant Monville, vous entrez sur la commune d'Anceaumeville; vous passez sur plusieurs ponts invisibles, mais une charmante petite passerelle ne peut se dérober à vos yeux; c'est la passerelle des ouvriers si nombreux qui peuplent les usines de la vallée.

De là jusqu'à Clères vous restez sur le flanc du coteau et vous traversez les bois de MM. de Villefranche et de Béarn.

Bientôt vous voici à Clères, dont le vieux château-fort est à moitié ruiné;

on voit encore, dans une des chambres de ce dernier, un lit où coucha Henri IV quelques jours après la bataille d'Arques.

Avant d'arriver à Saint-Victor, vous franchissez un joli pont en biais construit sous la route départementale de Neufchatel à Yvetot; c'est sans contredit le plus beau pont de la ligne.

La station de *Saint-Victor* se trouve à 171 kilomètres de Paris; à droite, sur la hauteur, on aperçoit le bourg de ce nom, qui est peu important. L'abbaye de Saint-Victor fut fondée par Guillaume le Conquérant; on remarque au bout de l'église, dans une niche extérieure, la statue de ce grand homme tenant en ses mains le globe terrestre surmonté d'une croix.

Tout près de la station de Saint-Victor, à 100 mètres sur la droite, la rivière de la Scie prend sa source. Vous traversez vingt-deux fois cette rivière avant d'arriver à Dieppe.

Par exemple, à la station d'*Auffay*, située à 4 kilomètres seulement de la précédente, vous avez déjà traversé la Scie quatre fois.

Vous avez laissé, marchant toujours, à votre droite le vieux château de la Pierre; à votre gauche, le moulin d'Arbalète, et tout près d'Auffay, à Saint-Denis, le château de M. de Quatrebarbes.

La station d'Auffay, à 175 kilomètres de Paris, est une des plus importantes de la ligne; le bourg lui-même est assez considérable, et comprend de nombreux établissements industriels, filatures et tanneries.

D'Auffay à Longueville, il y a tout au plus 9 kilomètres; le chemin est presque continuellement en remblai.

En traversant les vertes prairies de M. de Raimbouville et de M. d'Ambray, vous arrivez à la station de *Longueville*, située à 184 kilomètres de Paris.

La station de Longueville est construite sur les terres d'une ancienne abbaye, dont le principal corps de bâtiment est maintenant converti en une filature. De la station, on aperçoit sur la droite, à travers les rameaux de peupliers, les ruines du vieux château-fort de Longueville, où la sœur du grand Condé, digne de son frère, l'âme d'un héros dans le corps d'une belle femme, a laissé quelques-uns de ces grands souvenirs dont elle a été prodigue toute sa vie!

Vous approchez de Dieppe : il n'y a plus que 16 kilomètres à parcourir; vous traversez Denestanville, Crosville, Anneville; vous passez sur les ruines du château de Charlemesnil; vient ensuite Sauquevile, où vous rencontrez pour la seconde fois la route nationale de Rouen à Dieppe; plus loin vous traversez le cimetière de Sauqueville, et en face, sur la droite, vous apercevez la jolie tisserie de M. Laribie; vous arrivez à Saint-Aubin.

Un peu avant, sur la gauche, naît la source abondante qui alimente les fontaines publiques de la ville de Dieppe; son nom est le Gouffre, et la rivière qu'elle vomit fait tourner un moulin à 500 mètres de sa naissance.

Vous laissez derrière vous cette charmante vallée de la Scie; vous passez sur un dernier pont, semblable à ceux de la tranchée d'Étaimpuis, et sous le magnifique tunnel d'Appeville, dont la longueur est de 1,643 mètres.

Au sortir du tunnel et au niveau de la route d'Arques, vous apercevez enfin la ville de Dieppe, et bientôt vous entrez dans la gare, dont le comble est rendu remarquable par l'élégance de sa charpente.

DIEPPE. — C'est une douloureuse histoire que celle de cette cité normande et française, si cruellement éprouvée par les tempêtes et par les guerres civiles et religieuses. Avec quelle émotion, quel intérêt on lit tous les détails qui se rattachent à ces dramatiques annales de la ville de Dieppe, dans la *Normandie* de M. Jules Janin! C'est là que se trouvent les études les plus complètes sur les origines et sur les vicissitudes de cette ville et de toute cette côte, depuis l'occupation des Romains jusqu'à nos jours.

Lorsque vous entrez à Dieppe, vous êtes frappé avant tout de l'aspect grave, sérieux, presque solennel, de la ville et de ses abords. Une forteresse hardiment plantée sur le penchant de la falaise, de hautes murailles de briques, de grosses tours de pierre aux toits aigus, groupées en étages et comme suspendues à des gazons escarpés, annoncent une ancienne place forte. Peu

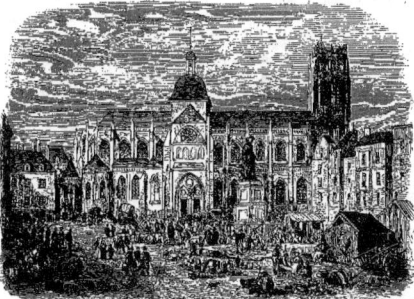
Église Saint-Jacques.

de villes présentent ce caractère de noblesse et de grandeur. Vue de loin, soit du haut du mont de Caux, soit de la hauteur de Neuville, sur la route

de Picardie, elle conserve l'empreinte de ses anciennes destinées ; on voit que la grande histoire a passé par là.

Quant aux monuments intérieurs, aux curiosités de la ville, ce qui doit frapper particulièrement le voyageur, c'est l'église Saint-Jacques, le château de Dieppe et les bains de mer.

La tour de Saint-Jacques est une des plus riches constructions de la ville de Dieppe; les sculptures de l'intérieur méritent toute l'attention patiente de l'antiquaire. Ce ne sont que chimères, dragons, couleuvres, fantaisies sans nom, caprices sans fin, rêveries des sculpteurs, improvisation du tailleur de pierres, mélange curieux du sacré et du profane, le cantique à la sainte Vierge suivant de bien près la satire ou l'épigramme. Les deux portails annoncent dignement un grand et saint édifice; un de ces portails s'appelle la porte du Rosaire, l'autre la porte Sainte-Catherine.

Le château de Dieppe est surtout intéressant par les souvenirs historiques qu'il rappelle; s'il faut en croire la tradition, il a servi successivement d'asile à Henri IV, à la duchesse de Longueville et à Mazarin. Aujourd'hui, vu de loin, il ressemble à ces gloires bruyantes qu'il ne faut pas approcher de trop près; de loin vous saluez un château politique; de près, vous avez sous les yeux une caserne ! Charlemagne et les douze pairs sont représentés par un tambour-major orné de ses fifres et de ses tambours.

Dieppe, quai Henri IV.

Vous visitez les bains de mer; en été, vous y faites une station; vous parcourez le *Polet*, vous vous faites montrer la maison d'Ango, le célèbre marchand qui joua un si grand rôle au XVIe siècle. Si vous avez un instant, vous allez admirer la ravissante vallée d'Arques et les ruines du château tout peuplé des souvenirs de Henri IV. En quelques heures agréablement occupées vous pouvez avoir tout vu et être revenu sur le port, où vous vous embarquez sur le bateau à vapeur qui doit vous porter à Brighton.

EN MER.

Quel que soit le port d'embarquement où il arrive, Dunkerque, Calais, Boulogne, Dieppe ou le Havre, le voyageur doit avant tout se préoccuper de faire viser son passeport, pour avoir un *permis d'embarquer*, et de faire

porter ses bagages à bord du bateau à vapeur. Les bureaux des passeports sont partout très-voisins du lieu d'embarquement.

Avant de mettre le pied sur le bateau, les personnes qui redoutent le mal de mer feront bien de prendre une légère collation, afin de ne point partir l'estomac absolument vide. Deux tasses de thé et quelques tartines de pain et de beurre sont l'aliment qui convient le mieux dans cette occurrence. On conseille généralement aux dames de descendre dans la chambre au moment du départ, et de s'étendre sur un lit pendant la traversée. Les hommes feront bien de rester sur le pont, et de tâcher, en regardant au loin les vastes horizons qui se déploient devant leurs yeux, d'oublier la peur du mal de mer. Il y a quelques fumeurs à qui un ou deux bons cigares procurent une traversée sans encombre. On conseille aussi de tâcher de suivre avec les mouvements du corps les oscillations du navire, de même que l'écuyer du cirque suit du pied les mouvements du cheval sur lequel il se tient debout; mais cette gymnastique demande une attention trop soutenue, et il nous paraît aussi fatigant que ridicule d'entreprendre de s'y livrer pendant plusieurs heures.

DE DUNKERQUE A LONDRES.

La traversée de Dunkerque à Londres par la Tamise dure de dix à douze heures, et convient aux personnes qui se piquent d'avoir le pied marin. Elle ne laisse pas d'être très-agréable pour les amateurs de beaux sites et de points de vue pittoresques. L'embouchure de la Tamise offre, en effet, un magnifique spectacle : au milieu des flots, l'activité maritime de la nation la plus industrieuse et la plus commerçante du monde; des milliers de mâts et de pavillons de toutes les couleurs; sur les deux rives, de jolis ports et de bien plus jolis paysages.

A peine êtes-vous entré dans la rivière qui porte les richesses des cinq parties de l'univers, que vous arrivez à *Gravesend*, la plus jolie ville de constructions navales, qui est signalée par une visite faite par les employés de la douane à bord de votre navire comme à bord de tous les autres. Vous apercevez les maisons de cette cité commerçante, située sur une hauteur à votre gauche, pendant que le fleuve baigne les chantiers sur lesquels se construisent les plus beaux bâtiments de haut bord de la marine de guerre anglaise; en face est le fort de Tilbury. Bientôt vous n'êtes plus qu'à six lieues de Londres; vous allez laisser sur votre gauche Dartford, la ville aux papeteries, située à quelque distance du rivage. Puis c'est *Woolwich*, toujours sur la même rive, Woolwich avec ses arsenaux, ses ateliers maritimes, et un hôpital militaire; vous n'êtes plus guère qu'à trois lieues de Londres. Vous passez devant *Greenwich* et son célèbre observatoire; à votre droite, sur la rive opposée à Greenwich, vous avez les magnifiques chantiers de construction de la Compagnie des Indes. Déjà vous touchez à *Deptford*, ville assez mal bâtie, mais pourvue de chantiers de construction remarquables; c'est dans un de ces chantiers que Pierre le Grand travailla en 1698, pour se perfectionner dans l'architecture navale. Vous passez à côté du *Dreadnought*, vaisseau-hôpital maritime, entretenu, aussi bien que l'autre hôpital de Deptford, par la société de *Trinity house*.

En quittant Deptford, qui touche presque du côté droit au bourg de Southwark, vous passez devant Blackwall; déjà vous êtes à Londres, car, dans la sinuosité du fleuve que vous remontez, vous côtoyez l'île des Docks; vous voyez à votre droite les docks de la Compagnie des Indes occidentales, et à votre gauche ceux du commerce; dans quelques minutes vous passerez au-dessus du tunnel de la Tamise, et peu d'instants après vous débarquerez au nouveau pont de Londres.

DE CALAIS A LONDRES PAR DOUVRES.

De Calais à *Douvres* la traversée ne dure qu'une heure, une heure et demie au plus, à moins de mauvais temps. On n'a pas encore perdu de vue au sol les côtes de France, que déjà l'on aperçoit au nord les côtes d'Angleterre. Arrivé à Douvres, vous faites transporter vos bagages à l'embarcadère du chemin de fer, situé à peu de distance du quai. Si vous avez un instant, vous pouvez visiter la jolie ville et la vallée au milieu de laquelle elle est située. Une ligne de hautes collines sert à la garantir des vents du nord-ouest; au nord, sur une de ces collines, est un château-fort qu'on dit avoir été bâti par Jules César. Le voyageur qui aura le courage de gravir ces hauteurs un peu escarpées jouira du coup d'œil le plus magnifique. Il verra à ses pieds la vallée de Douvres, la ville et son port, puis la verte nappe d'eau qui couvre le détroit; et enfin, si le temps est clair, à l'extrémité de l'horizon une ligne bleue, qui est la côte de France.

Le chemin de fer qui doit vous conduire à Londres commence par côtoyer la mer, soit entre des collines, soit sous des tunnels creusés dans les collines, jusqu'à *Folkstone*. De Folkstone à Londres, vous avez environ 132 kilomètres devant vous. Deux heures suffisent aux trains de grande vitesse pour parcourir cette distance; les trains ordinaires mettent trois heures et demie. Vous traversez des campagnes riches, fraîches et vertes, d'immenses plan-

tations de houblon, dont les lianes grimpent le long des échalas; de distance en distance, vous passez devant quelques jolies villes, *Ashford*, petite et ancienne cité; à droite vous laissez l'embranchement qui conduit à *Maidstone*, sur la Medway. La plus important marché de houblon de l'Angleterre; son église paroissiale est une des plus vastes de tout le royaume. Avant d'arriver à la station, vous traversez *Tunbridge*, la ville aux ponts, sur la Medway, célèbre par ses fabriques de tabletterie; vous laissez à gauche le petit embranchement qui conduit au charmant village de Tunbridge renommé pour ses eaux minérales. Après la station de *Godstone*, vous êtes à *Reigate*, petite ville, où se trouve le point de jonction du railway de Folkstone avec celui de Brighton : vous alliez de l'est à l'ouest, maintenant vous allez marchant du sud au nord. En peu de temps vous êtes à *Croydon*, qui possède une ancienne église d'une architecture assez curieuse; vous passez devant les deux petites stations de *Forest-hill* et de *New-Cross*, et vous êtes à Londres.

DE BOULOGNE A LONDRES PAR FOLKSTONE.

La traversée entre Boulogne et Folkstone dure d'une heure et demie à deux heures, c'est-à-dire une demi-heure de plus qu'entre Calais et Douvres. Quant à l'itinéraire du chemin de fer, il est le même, sauf la section de Douvres à Folkstone, qu'on est dispensé de parcourir. (*Voir* le paragraphe qui précède.)

DE DIEPPE A LONDRES PAR BRIGHTON.

La traversée entre Dieppe et Brighton dure de cinq à sept heures; quoique plus longue que les traversées de Calais et de Boulogne, elle est peut-être moins fatigante, et souvent moins tourmentée par le mal de mer. Brighton est véritablement une des villes les plus jolies et les plus agréables de la Grande-Bretagne, particulièrement dans la saison des bains de mer. Pendant trois mois de l'année, sa population, qui est ordinairement de 30,000 âmes, s'accroît de 7 à 8,000 baigneurs. Ses rues, bien percées et larges, sont bordées de boutiques aussi élégantes que celles de Londres. On y remarque le Pavillon de la Marine, résidence favorite de George IV alors qu'il n'était que prince de Galles. Comme toutes les villes d'eaux et de plaisir, Brighton est très-riche en promenades; le voyageur qui aurait le loisir d'y passer deux ou trois jours, y trouverait de quoi les occuper d'une façon agréable. Le but de promenade le plus pittoresque est *the Devil's Dyke* (le trou du Diable), situé à cinq milles de Brighton. Le chemin de fer conduit de Brighton à Londres en deux heures un quart. De Brighton à Reigate, point de jonction du chemin de Folkstone, la seule ville qu'on traverse est *Cuckfield*, petite cité de deux à trois mille âmes; mais si l'on n'a pas de villes à voir fuir devant soi, on trouve les plus pittoresques et les plus riants paysages.

DU HAVRE A LONDRES PAR SOUTHAMPTON.

Au Havre on trouve journellement des paquebots pour tous les principaux ports d'Angleterre; mais la voie la plus directe et la plus généralement suivie par les voyageurs est celle de Southampton; on arrive à ce port par le golfe que forme la large embouchure de la Test, en laissant sur la droite Portsmouth, et sur la gauche l'île de Wight. Pour l'arrivant, cette ville, vue à une certaine distance, présente un aspect imposant et pittoresque. *Southampton* a été jadis une des villes de commerce les plus importantes de l'Angleterre. Si l'on en croit Cambden, c'était sous le règne d'Élisabeth une cité renommée pour sa population ai pour la beauté de ses monuments; aujourd'hui on n'y voit guère de digne d'être remarqué que High street, belle et grande rue assez bien bâtie, la porte de Bar street, le clocher de l'église Saint-Michel, qu'on aperçoit de fort loin en mer, et, en dehors des murs, un hôpital militaire dans le genre de celui de Chelsea. A Southampton comme à Brighton, on va prendre des bains de mer; mais la société qui s'y rend dans la saison est beaucoup moins distinguée.

Sur le chemin de fer, après avoir passé la station de *Bishopstoke*, vous arrivez à *Winchester*, petite ville de 8,000 habitants, qui possède un évêché, de nombreux établissements de charité et une vieille cathédrale. Vient ensuite la station d'*Andover-Road*, puis celle de *Basingstoke*, petite ville de 3,000 âmes, renommée par ses fabriques de serges. De là à Londres, vous n'avez que des stations sans importance. La seule ville digne d'être citée, près de laquelle vous passerez, est Chertsey, que votre gauche. Cette petite et antique cité fut, dit-on, jadis la résidence des rois saxons. On dit aussi que c'est là que César traversa la Tamise avec son armée. Enfin vous arrivez à Londres, à l'embarcadère du Western-Railway, tout près du pont de Waterloo.

Le Dreadnought, à Deptford.

Il est alloué 30 kilogr. à chaque Voyageur de Rouen à Dieppe, et 45 k. de Paris au Havre.

TRAINS PARTANT DE PARIS.

CORRESPONDANCES.

STATIONS.	LOCALITÉS desservies.	PRIX. Coup.	PRIX. Intér.	DÉPARTS de Paris.	ARRIVÉES à Paris.
				Ligne de Rouen.	
Poissy..	Andrésy.	» 75	» 60	8, 10 m., 4, 4 s.	41 m., 3. 5 s.
	Maule..	gratis	gratis	8 m., 4 s.	41 m., 55 s.
	Issou..	»	» 60	4 s.	41 45 s.
Meulan..	Magny.	4 36	4 10	4 s.	41 45 s.
	Avernie..	»	» 60	8 m., 4 s.	5 5 s.
	Magny..	»	4 60	8 m.	5 5 s.
	Septeuil..	»	4 60	4 s.	5 5 s.
	Houdan..	»	4 60	4 s.	41 45 m.
Mantes..	Anet..	2 60	2 40		3 45 s.
	Dreux..	3 88	3 40		5 5 s.
	Septeuil..	»	» 75	8 m.	5 5 s.
	La Roche-Guyon..	»	4 60		3 45 s.
	Yvry-la-Bataille..	2 40	4 60		
Rosny..	St-André..	4 60	4 40	4 s.	3 45 s.
	Marcilly-sur-Marc..	2 60	2 40		
Bonnières..	Pacy-sur-Eure..	4 60	4 40	4 s.	3 45 s.
	Évreux..	4 40	3 60		
	Conches..	»	»		
	Neuve-Lyce..	»	»		
	Rugles..	»	»		
	Laigle..	»	»		
Vernon..	Pacy-sur-Eure..	4 60	4 36	8 m., 4 s.	5 5 s., 44 5 s.
	Évreux..	3 40	2 60	8 m., 4 s.	
	Verneuil..	»	»		
	Les Thilliers..	2 40	2 40		3 45 s.
	Gisors..	2 60	2 60		
Gaillon..	Les Andelys..	» 60	»	8, 10 m., 4 s.	41 m., 3, 44 s.
	Louviers..	»	»	8 m., 4, 4, 7 s.	4 (m., 3, 5, 44 s.
	Neubourg..	2 90	2 40		
St-Pierre..	Beaumont-le-Rog..	4 60	4 40	8 m., 4 s.	5 5, 44 5 s.
	La Rivière..	4 60	3 60		
	Bernay..	3 75	4 75		
	Orbec..	4 60	4 60	40 m.	3 45 s.
	Pont-St-Pierre..	»	» 75		
Pt-de-l'Arche..	Fleury..	»	4 25		3 45 s.
	Charleval..	»	4 30		
	Lyons-la-Forêt..	»	2 25		
Tourville..	Elbeuf..	» 89	»	8 m., 4, 4, 7 25 s.	41 m., 3, 5, 8 s.
				Ligne du Havre.	
Barentin..	Duclair..	» 60	4 s.	8 m., 4 s.	5 5 s.
	Yerville..	» 60	8 m., 4 s.		3, 5 45, 44 5 s.
	Saint-Valery..	2 60	4 s.		5 5 s.
Motteville..	Doudeville..	4 10	8 m., 4 s.		3, 5 45, 44 5 s.
	Luneray..	2 40	8 m., 4 s.		5 5 s.
	Cany..	4 50	2 5	8 m., 4 s.	3, 5, 41 5 s.
Yvetot..	Caudebec..	4 10	» 75	8 m., 4 s.	3, 44 5 s.
	Valmont..	»	» 25		5 5 s.
Alvimare..	Fauville..	»	» 60	8 m., 4 s.	3, 5, 44 s.
Nointot..	Bolbec..	»	» 30	8 m., 4 s.	3, 5, 44 s.
	Lillebonne..	»	» 30	8 m., 4 s.	3, 5, 44 s.
Beuzeville..	Goderville..	»	» 40	8 m., 4 s.	3, 5, 44 s.
	Fécamp..	»	4 25	8 m., 4 s.	3, 45, 5 s.
				Ligne de Dieppe.	
Monville..	Clères..	»	» 35	8 m., 4 s.	3 45 s.
	Tôtes..	»	4 25	8 m., 4 s.	3 45, 5 5 s.
St-Victor..	St-Saëns..	» 65	4 s.		3 45 s.
	Neufchâtel..	4 75	4 25	4 s.	
Auffay..	Bacqueville..	»	4 25		3 45 s.
Dieppe..	Tréport..	»	»		
	Eu..	»	»		

TRAINS SE DIRIGEANT VERS PARIS.

Les Trains n. 43, partant de Paris à 4 h. du s., n. 42, partant du Havre à 44 h. et de Dieppe à 40 h. 40 m., ne contiennent que des voitures de 1re et 2e cl. sur la ligne de Rouen. — Ils ont des voitures de 3e classe sur la ligne du Havre.

Le train n. 42 a des voitures des trois classes sur la ligne de Dieppe. — Ces trains ne transportent ni chevaux ni chaises de poste. Les voyageurs seuls et leurs bagages y sont admis.

Trains de nuit. — Les trains n. 23, partant de Paris à 44 h. du s., n. 22, partant de Dieppe à 9 h. 40 m. et du Havre à 40 h., ne transportent ni chevaux ni chaises de poste. Le train n. 23, partant de Paris à 41 h., ne contient que des voitures de 1re et de 2e cl. sur la ligne de Rouen. Il a des voitures des trois classes sur les lignes du Havre et de Dieppe.

Des billets de 3e classe sont délivrés aux trains n. 47, partant de Paris 9 h. du s., et n. 46, partant du Havre à 40 h., aux prix réduits suivants :

De Paris à Rouen et vice versa................. 7 fr.
De Paris au Havre et vice versa................. 43 fr.

Trains mixtes. — Les trains partant, savoir : n. 4, d'Yvetot pour le Havre, à 6 h. 45 du m.; n. 3, de Vernon pour Rouen à 8 h. 40 m.; n. 5, de Rouen pour le Havre à 7 h. 30; n. 42, de Paris pour Rouen, à 40 h.; n. 46, de Rouen pour le Havre à h. 40 du s.; n. 2, de Mantes pour Paris à 5 h. 43 m.; n. 6, d'Yvetot pour Rouen à 7 h. m.; n. 8, de Dieppe pour Rouen à 7 h. 30 m.; n. 20, du Havre pour Rouen à 7 h. 44 m.; n. 46, de Rouen pour Vernon à 4 h. 5.; n. 20, du Havre pour Rouen à 5 h. 30 s., transportent des marchandises. Ils se conduisent que des voitures de 4re et de 3e classe. Les voyageurs de 4re classe paient le prix de la 2e; les voyageurs de 2e classe paient le prix de la 3e. Le train n. 21, partant de Paris à 9 h. 40 du s., ne contient que des voitures de 3e classe à prix réduits.

Des billets spéciaux d'aller et de retour de 2e et 3e classe, à prix réduits, sont délivrés pour Rouen à l'occasion des marchés, les jeudi et vendredi de chaque semaine, savoir : 4° sur la ligne du Havre à Malaunay, Barentin, Pavilly, Motteville et Yvetot; 2° sur la ligne de Dieppe, à Monville, Saint-Victor Auffray et Longueville.

De PARIS A LONDRES. — Services directs par le HAVRE.

Par LE HAVRE et SOUTHAMPTON (40 fois par mois.)

DÉPART DU — Havre... / Southampton...

Départs du chemin de fer de Southampton pour Londres, 6.50, 9.45, 9.20, 41, 4.40, 3, 6, 4.25
de Londres pour Southampton, 7.30, 8.20, 40.30, 44.30.4, 3.45, 5, 6.30
De Southampton pour le Havre, les mercredis et samedis à 44 45 s., après l'arrivée de la Malle-Poste de Londres.

Prix réduits : | Billets de trajet simple : de Paris à Londres et v. versé, 1re 53 » — 2e 40 50.
| Billet d'aller et de retour. Séjour de 45 jours à Londres. 79 50 — 60 50.

Par DIEPPE et NEWHAVEN (Brighton).

Départ de Dieppe, les lundis, mercredis et vendredis.
Départ de Newhaven, les mardis, jeudis et samedis.

Prix réduits : Trajet simple de Paris à Londres, 4re 53 fr. 2e cl. 40 fr. 50. Billet d'aller et ret., séj. de 45 j. à Londres, 4re cl. 79 fr. 50, 2e 60 fr. 50

Par LE HAVRE et la Tamise (40 fois par mois).

Départs des paquebots.
DÉPART DU — Havre... 16 — 20 — 24 — 26 — 28 — 30

Faculté de séjourner à Rouen.

De Londres pour Le Havre, tous les dimanches et jeudis à 8 heures du matin.
Du Havre pour Londres, tous les mercredis et dimanches.
Prix réduits : De Paris à Londres et vice versa, 1re cl. 50 fr., 2e cl. 24 fr.

Service d'Été. CHEMIN DE FER DU NORD. Service d'Été.

BUREAUX DES OMNIBUS : rue du Bouloi, 22; rue St-Denis, 124, cour Batave; rue de l'Arcade 40; hôtel Bedfort; boulevard des Italiens, hôtel de Bade; rue Jean-Beau-Sire; 47, Bastille; rue de Rivoli, hôtel Meurice.

LIGNE DE PARIS A CALAIS ET A DUNKERQUE

Trains s'éloignant de Paris.

HEURES DE DÉPART.

[Detailed departure timetable with columns for PRIX DES PLACES DEPUIS PARIS (1re classe, 2e classe, 3e classe) and STATIONS, followed by numerous train-time columns.]

Principales stations : Paris (dép.), Saint-Denis, Enghien, Ermont, Franconville, Herblay, Pontoise, Auvers, Isle-Adam, Beaumont, Persan, Saint-Leu, Creil, Pont-Sainte-Maxence, Verberie, Compiègne, Touroté, Ourscamps, Noyon, Appilly, Chauny, Tergnier, La Fère, Montescourt, Saint-Quentin (arr.).

Creil (dép.), Liancourt, Clermont, Saint-Just, Breteuil, Ailly, Boves, Amiens (arr.).

Les trains express près ne reçoivent ni chevaux ni chaises de poste.

Le train 5 peut ne prendre dans le parcours d'Amiens à Calais et à la frontière.

Le train 1, 5, 15, passent au raccordement du Longueau. Les tr. 1, 5, 15, s'arrêtent à Fives.

Amiens (dép.), Corbie, Albert, Achiet, Boileux, Arras, Vitry, Douai (arr.).

Douai (dép.), Montigny, Somain, Wallers, Raismes, Valenciennes (arr.), Valenciennes (dép.), Blanc-Misseron, Quiévrain, Mons, Braine-le-Comte, Bruxelles (arr.), Aix-la-Chapelle, Cologne (arr.).

Douai (dép.), Leforest, Carvin, Seclin, Lille (arr.).

Lille (dép.), Roubaix, Tourcoing, Mouscron (arr.).

Lille (dép.), Pérenchies, Armentières, Steenwerck, Bailleul, Strazeele, Hazebrouck (arr.).

Hazebrouck (dép.), Cassel, Arnecke, Esquelbecq, Bergues, Dunkerque (arr.).

Hazebrouck (dép.), Ebblinghem, Saint-Omer, Watten, Audruicq, Ardres, Saint-Pierre-Calais, Calais (arr.).

LIGNE D'AMIENS A BOULOGNE

Trains partant de Paris.

HEURES DES DÉPARTS.

Stations : Paris (dép.), Amiens (dép.), Picquigny, Hangest, Longpré, Pont-Remy, Abbeville, Noyelle, Rue, Montreuil-Verton, Étaples, Neufchâtel, Pont-de-Brique, Boulogne (arr.).

Trains se dirigeant vers Paris.

HEURES DES DÉPARTS.

Stations : Boulogne (dép.), Pont-de-Brique, Neufchâtel, Étaples, Montreuil-Verton, Rue, Noyelle, Abbeville, Pont-Rémy, Longpré, Hangest, Picquigny, Amiens (arr.), Paris (arr.).

Paquebots de Boulogne à Folkestone.

EN DEUX HEURES.

Date	BOULOGNE à FOLKESTONE	FOLKESTONE à BOULOGNE		Date	BOULOGNE à FOLKESTONE	FOLKESTONE à BOULOGNE
Juin	matin. soir.	matin. soir.		Juin	matin. soir.	matin. soir.

DÉPARTS des Paquebots de Boulogne pour Londres

PAR LA TAMISE.

DÉPARTS DE BOULOGNE	DÉPART DE LONDRES
4 Juin	16 Juin	4 Juin 2 »	16 Juin

PRIX : 1res cl., 45 fr. 50; 2e cl., 40 fr. 25.

Les enfants au-dessous de 10 ans paient moitié prix.

Marchandises. — Le transport entre Boulogne et Londres s'effectue ainsi : de Boulogne à Londres par Folkestone, 3 départs par jour; de Boulogne à Londres par la Tamise, 4 départs par semaine.

BATEAUX A VAPEUR

DE BOULOGNE.
A FOLKESTONE, deux départs par jour, après l'arrivée des trains partant de Paris à huit heures du soir et à onze heures quarante du matin; l'autre départ a lieu à l'heure de la marée. — Prix : Premières places, 8 sh.; — secondes, 6 sh. — Enfants au-dessous de dix ans, 4 fr. — A LONDRES directement, par la Tamise; trois départs par semaine. — Prix : Premières places, 12 sh.; — secondes, 8 sh. — Enfants au-dessous de dix ans, moitié prix. — Bagages, 50 kilog. gratis.

DE CALAIS.
A DOUVRES, trois départs par jour : deux départs ont lieu par les paquebots-malles des gouvernements français et anglais, à trois heures et demie du matin et à dix heures du soir, après l'arrivée des trains partant de Paris à huit heures du soir et à onze heures quarante du matin; l'autre départ a lieu à l'heure de la marée. — Prix : Premières places, 10 fr.; — secondes, 7 fr. 50 c. — Enfants au-dessous de dix ans, moitié prix.

DE DUNKERQUE.
A LONDRES directement, par la Tamise : deux départs par semaine. Premières places : 15 fr.; — secondes, 10 fr. 25 c. — Enfants, moitié prix. — Bagages, 50 kilog. gratis.

A LONDRES directement, par la Tamise : trois départs par semaine, les mardi, jeudi et dimanche. — Première classe, 10 fr.; — seconde, 7 fr. 50 c.

— Enfants, moitié prix. — Bagages, 50 kilog. gratis.

DU HAVRE.
A SOUTHAMPTON, dix fois par mois. — Prix, de Paris à Londres par cette voie : Première classe, 33 fr.; seconde, 40 fr. 50 c.
A BRIGHTON.
A LONDRES directement, par la Tamise : dix fois par mois. — Prix : de Paris à Londres par cette voie : Première classe, 30 fr.; seconde, 21 fr.

DE DIEPPE.
A BRIGHTON.
A LONDRES directement, par la Tamise.

LE DEPART — VUE DE LONDRES — EXPOSITION.

A LONDRES

CHAPITRE PREMIER.

Précis historique. — Le peuple anglais. — La ville. — Les mœurs anglaises. — Corporations.
— Journaux. — Hôtels garnis. — Cafés. — Restaurants. — Tavernes.

PRÉCIS HISTORIQUE.

Londres peut être regardée comme la ville la plus vaste et la plus peuplée de l'univers. On ne s'est jamais rendu compte au juste de son étendue qui augmente ou peut augmenter tous les jours, puisqu'il n'y a point de barrières qui la circonscrivent, mais on sait que sa population s'élève à environ deux millions d'âmes. Si l'on calcule d'après ce chiffre, en tenant compte de l'immensité des *parks* situés dans l'intérieur de la ville, du terrain occupé par les places ou *squares*, les jardins publics ou particuliers, et enfin et surtout des mœurs puritaines des habitants qui n'admettent guère, pour peu qu'elles aient une certaine aisance, deux familles dans une même maison, l'on concevra aisément que Londres doit être à peu près trois fois aussi grand que Paris, c'est-à-dire avoir environ 80 kilomètres ou 80 milles de tour.

Cette immense capitale des trois royaumes Britanniques est, on le sait, située sur les bords de la Tamise, par le 51e degré 31 minutes 37 secondes de longitude ouest du méridien de Greenwich, à 225 milles nord-nord-ouest (75 lieues environ) de Paris.

On ne sait pas à quelle époque précise on peut faire remonter la fondation de Londres. Les archéologues, pourtant si ingénieux à découvrir les mystères des antiquités historiques, n'osent encore affirmer aucune date.

Quoi qu'il en soit, on peut considérer comme certain que Londres a été occupée par les Romains; les ruines d'anciens monuments, les pavés en mosaïque, les médailles, et une infinité d'autres monuments en font foi. La fameuse pierre de Londres (*London stone*), qu'on montre encore aujourd'hui comme une curiosité, dans le mur intérieur de l'église Saint-Swithin, et dont il est question dans l'histoire des époque de l'invasion saxonne, est regardée comme une colonne milliaire romaine, ou plutôt comme le *milliarium aureum* de la Grande-Bretagne; les Romains nommaient ainsi le point de départ d'où ils commençaient à compter toutes les distances sur leurs routes. Pendant plusieurs siècles, cette pierre fut l'objet d'une admiration superstitieuse de la part des Anglais, qui croyaient que la sûreté de l'État était attachée à cette ruine. On a aussi tout lieu de croire que ce fut par les Romains que fut fait le travail de l'encaissement de la Tamise dans ses deux rives actuelles. Jusque-là les eaux devaient chaque année inonder une grande partie des terrains ibes occupés aujourd'hui par la ville.

Si nous n'insistons pas sur l'origine de Londres, nous ne serons pas non plus appesantirons-nous sur l'étymologie de son nom. Qu'il vienne du breton *Llyndin*, qui signifie ville sur le lac, ou bien que cette agglomération de maisons se soit appelée tout d'abord *Londinium* ou *Augusta*, ainsi que le nomment Tacite et Ammien Marcellin, peu importe au voyageur, qui est rarement curieux de ces recherches archéologiques.

Au Ve siècle, Londres était redevenue la ville des Bretons; mais la possession en était vivement disputée. En 457, elle sert de refuge aux Bretons vaincus par Hengist; vers 480, elle tombe au pouvoir de cet aventurier; reprise après sa mort par Ambrosius, le neveu de ce dernier, Mordred, est couronné roi en 532. Enfin, enclavée dans le nouveau royaume d'Essex, vers la fin du VIe siècle, elle est, lors de la conversion des Saxons de l'Est au christianisme, désignée pour servir de siège à l'évêque. C'est à cette époque, 610 à 615, qu'on jette les fondements de l'église Saint-Paul et de l'abbaye de Westminster. De ce moment, jusqu'à la conquête de l'Angleterre par les Normands, l'histoire de Londres n'offre rien de bien curieux.

Ce fut le clergé qui prit l'initiative de la soumission à Guillaume, duc de Normandie, après la bataille d'Hastings, en 1066, parce qu'il était porteur

d'une bannière bénie par le pape Alexandre II. Le clergé, après avoir juré foi et hommage au vainqueur, engagea les magistrats de Londres et la noblesse à en faire autant, et à lui offrir le titre de roi d'Angleterre. Son couronnement eut lieu dans l'abbaye de Westminster. Peu de temps après, le nouveau monarque octroya à ses sujets une charte par laquelle il s'engageait à les maintenir dans la jouissance de leurs anciens droits. Mais, comme tous les souverains qui ne doivent leur pouvoir qu'à la force, Guillaume le Conquérant n'avait pas grand'foi dans le dévouement de son peuple; aussi, pour le tenir en respect, fit-il bâtir la White tower (la tour Blanche), principal bâtiment de la Tour de Londres. Sous son règne, et pour la même cause sans doute, furent élevés, dans la Cité, les deux châteaux-forts dits Baynard's castle et Monfichet's castle. Londres fut, dès ce moment, la véritable métropole du royaume.

De nouvelles chartes furent délivrées par les successeurs de Guillaume, dans le but de diminuer un peu, en accordant de nouveaux privilèges, l'odieux des vexations qu'ils exerçaient sur les habitants. Par suite de ces concessions de la couronne, le titre de *portreve*, donné primitivement au premier magistrat de la cité, fut changé en celui de bailli, et bientôt en celui de *lord-mayor* (lord-maire), qui s'est conservé jusqu'à ce jour, et le pouvoir municipal devint exclusivement réservé aux citoyens, qui l'exercèrent indépendamment de tout contrôle de la cour. Sous le règne de Henri Ier, la puissance de la ville s'accrut considérablement, en raison de l'extension de sa juridiction au comté de Middlesex, dont elle eut le droit de désigner le sheriff; toutefois le roi se réservait le droit de nommer le lord-maire et les principaux officiers. Aujourd'hui cette nomination est faite par les citoyens, elle est soumise seulement à l'approbation de la couronne. — C'est sous le règne d'Édouard Ier que la ville fut divisée en vingt-deux quartiers (il n'y en a, encore aujourd'hui que vingt-six). Chacun de ces quartiers eut un magistrat, qu'on appela de l'ancien nom saxon *Alderman*, et élut un certain nombre de membres pour former le conseil de la ville, dont les Aldermen devaient prendre l'avis pour l'administration des affaires de la Cité. Sous le roi Jean, l'administration civile de Londres prit une nouvelle importance; l'influence de *la corporation*, qui s'est conservée jusqu'à ce temps-ci, commença à se faire sentir. Ce roi accorda plusieurs chartes nouvelles à la ville, celle, entre autres, qui donnait aux bourgeois de la Cité de Londres le droit de choisir eux-mêmes leur lord-maire et de le réélire ou le remplacer, s'il leur semblait.

Un incendie terrible ravagea une partie de Londres, en 1212; le feu avait pris à l'extrémité du pont, du côte de Southwark; plus de 3,000 personnes périrent soit dans le feu, soit dans l'eau, précipitées dans la Tamise par suite du désordre. L'interdit lancé par le pape Innocent III contre le roi Jean et son royaume ne fut pas sans influence sur les destinées de la ville et lui porta un notable préjudice. Cependant vers la fin du règne de ce monarque, les habitants de la ville s'étant réunis aux barons, Londres répara ses pertes, en contraignant le souverain à restituer à la Cité tous ses anciens privilèges et ses libertés dont il l'avait frustrée. Pendant le XIIIe siècle, dont une grande partie est remplie par le règne de Henri III, Londres eut à souffrir de toutes sortes de fléaux. En 1258, la ville fut décimée par une épouvantable famine; les chroniqueurs rapportent que plus de 20,000 personnes moururent de faim. Au commencement du XIVe siècle, une nouvelle famine jeta une grande désolation dans la capitale; malgré toutes les mesures prises par le pouvoir pour régler le prix des denrées et en limiter la consommation. — Après la famine, ce fut la peste qui signala ce XIVe siècle, si désastreux pour la ville de Londres. En 1348, ce fléau fut apporté de l'Inde en Angleterre, d'où il s'étendit sur la plupart des contrées de l'Europe. Les morts tombaient si nombreux et on ni que de temps, que, faute d'espace dans les cimetières, il fallut choisir, hors des murs, de vastes terrains pour le service des inhumations. Dans le terrain seul qu'occupe aujourd'hui *Charter house* (les Chartreux), près de Old Street, on enterra, dit-on, plus de 50,000 cadavres.

3

En 1361, la peste recommença; plus de 2,000 personnes périrent en deux jours.

Sous le règne de Richard II, à la fin de 1380, éclata, à propos de la capitation, une insurrection qui mit très-sérieusement la monarchie en péril pendant plusieurs mois. Ce mouvement se propagea si rapidement, qu'en peu de temps Watt Tyler, forgeron du comté de Kent, qui avait pris le commandement des rebelles, se vit à la tête d'une armée de cent mille hommes. Il s'empara du bourg de Southwark et fut bientôt maître de Londres, où ses soldats, suivant son exemple, brûlèrent, pillèrent, ravagèrent un grand nombre d'édifices publics et de riches hôtels, délivrèrent les voleurs et les criminels de toute sorte qui étaient dans les prisons, et mirent à mort non-seulement des nobles et des prêtres, mais encore beaucoup de bourgeois. Mais bientôt, sous prétexte de négociations, le roi parvint à faire prendre et tuer le chef Watt Tyler, après quoi il eut facilement raison des soldats, au moyen de promesses de pardon et de réparations qu'il se garda trop de tenir. — Sous Henri VI, nouvelle insurrection, non pas entièrement populaire, cette fois, car le chef Jack Cade, ancien officier du duc d'York, fut soupçonné de n'avoir agi que d'après les instigations de son ancien général, qui avait des prétentions à la couronne. — Sous Henri VII et sous Henri VIII, une épidémie, la *suette*, atteignit encore le peuple de Londres. Presque en même temps, la cruauté et l'avidité de ce prince faisaient tomber les têtes nobles des seigneurs et des bourgeois les plus riches pour s'emparer de leurs biens. La résistance opposée à l'ordre de fermeture des couvents, promulgué par ce monarque, servit de prétexte à une foule d'exécutions. Cependant, sous ce règne de sinistre mémoire, d'importantes améliorations furent introduites dans l'administration de la ville et des faubourgs : la police s'organisa d'une façon régulière; on éloigna tout ce qui nuisait à la salubrité de la Cité; les anciens conduits et aqueducs furent réparés et il en fut établi de nouveaux; on pava et on élargit les rues et les avenues; enfin on réglementa l'approvisionnement de la ville, de façon à éviter le retour de la disette. — Sous Henri VIII et sous le règne très-court d'Edouard VI, la Réforme avait fait d'immenses progrès, mais à l'avénement de la reine Marie, le catholicisme paraissant reprendre de l'influence à la cour, une insurrection terrible éclata. Londres fut gravement compromise par cette rébellion, dont Thomas Wyat était le chef. Un grand nombre de protestants furent brûlés vifs à cette occasion. — La persécution avait échauffé le zèle des partisans de la Réforme; sous la reine Élisabeth, l'immense majorité du pays se déclara pour le nouveau culte; en 1560, dit un historien, on brûla dans le cimetière de Saint-Paul et sur divers points de la Cité, crucifix, bannières, châsses, livres, vêtements, statues et toutes sortes d'objets à l'usage de la religion catholique.

Le XVIIe siècle fut fécond en catastrophes et en orages pour Londres et pour l'Angleterre. Dès les premières années de cette ère de désolation, à l'avénement de Jacques Ier, en 1603, la peste fait périr plus de 30,000 personnes. Un an après environ, la *conspiration des poudres* est découverte. La machine infernale préparée par Guy Fawkes devait, le jour de l'ouverture du Parlement, en octobre 1605, faire sauter le palais du Parlement, à l'instant où le roi s'y rendrait, et jeter ainsi dans la ville un désordre dont les conjurés auraient profité pour s'emparer du pouvoir et tenter de rétablir le catholicisme. En vain, après la découverte du complot, s'efforcent-ils d'aller soulever les populations papistes du comté de Warwick; ils sont, soit tués sur place, soit arrêtés et exécutés à Londres. — En 1609, le roi donne à la Cité de Londres une grande partie des terres seigneuriales de la province d'Obster, en Irlande, à la condition qu'il y sera fondé une colonie anglaise. En moins de sept années deux villes surgissent et acquièrent un développement important; c'est Londonderry et Coleraine. — En 1625, commence le triste règne de Charles Ier. Il est inauguré par une peste qui fait périr plus de 35,000 personnes. Bientôt la Cité, fatiguée des exactions et des monopoles exercés par la cour, irritée des mesures tyranniques prises par le roi, du despotisme de la chambre étoilée et des commissions inquisitoriales de la cour, sympathise avec la révolte covenantaire et adhère à l'opposition du Parlement; en 1643, la Cité et tout son district, y compris le bourg de Southwark, sont entourés de remparts, de redoutes et de bastions. Le roi perd successivement deux batailles, et, livré par les Écossais, il est ramené à Londres, condamné à mort par le Parlement, et exécuté devant Whitehall, le 9 février 1649. — En 1653, Olivier Cromwell vient à main armée dissoudre le Parlement; il meurt en 1658. Deux ans après, en 1660, la restauration a lieu, et Charles II rentre à Londres.

Mais si la Cité avait vu le terme de ses troubles civils, elle n'en avait pas fini, tant s'en faut, avec les désastres. Après les réactions politiques, conséquences de la rentrée du roi, elle eut à subir la *grande peste*, qui, commencée au mois de décembre 1664, n'avait pas encore cessé ses ravages au commencement de 1666. Toutes les précautions furent vaines; le fléau prit vers le mois de mai 1665 un développement vraiment épouvantable. Le nombre des morts, qui fut au début de 500, s'éleva bientôt à 8,000 par semaine. Née dans Westminster et dans les faubourgs de l'ouest, l'épidémie s'étendit en peu de temps à la Cité, au bourg de Southwark et à toutes les paroisses situées à l'ouest de la Tour. On ne se donnait plus la peine ni d'enterrer ni même de compter les morts; la nuit des charrettes passaient, escortées d'hommes portant des flambeaux, qui criaient devant chaque maison : *Descendez vos morts*, et les cadavres étaient jetés ensemble dans de vastes trous creusés aux environs de la ville. La désolation était telle que toutes les affaires cessèrent; les tribunaux ne fonctionnaient plus, l'herbe poussait entre les dalles de la Bourse. On estime à 100,000 le nombre des victimes de cette peste, la plus terrible de toutes celles que Londres eut à subir, mais qui fut aussi la dernière; car, chose remarquable, cette ville qui voyait la peste si souvent décimer ses habitants, qui même en subissait tous les ans quelques atteintes, paraît en avoir été délivrée depuis cette époque. En effet, si Londres a subi le choléra deux fois depuis vingt ans, ce malheur lui a été commun avec toutes les principales villes de l'Europe.

A peine était-elle remise des terreurs occasionnées par la peste, qu'elle fut ravagée par un autre fléau non moins terrible, le feu, à qui elle avait déjà dû aussi plusieurs catastrophes. L'incendie de 1666 est un des désastres les plus mémorables dont les annales des grandes villes fassent mention. Nous empruntons le récit de celui-ci à un livre sur l'Angleterre de M. Alfred Michiels, qui en a écrit la narration d'après des documents curieux publiés au moment même de l'événement.

Le 2 du mois de septembre 1666, à une heure du matin, le feu prit dans la maison d'un boulanger, qui faisait partie du Pudding Lane. C'était un dimanche, et les habitants, après six jours de travaux, dormaient d'un profond sommeil, comptant sur un jour de loisir. Londres était alors une ville gothique; des rues étroites, des passages tortueux, des demeures en bois dont le haut surplombait le rez-de-chaussée, permirent à la flamme de s'étendre avec une extrême promptitude. Elle couvrit bientôt un espace énorme. De minute en minute son foyer s'agrandissait : un vent impétueux, qui soufflait de l'est, propageait le désastre. Une si violente consternation frappa les habitants qu'ils ne songèrent point d'abord à isoler l'incendie; on employa seulement les pompes au lieu de sacrifier les maisons adjacentes. La rivière même ne suspendit point la marche du feu; les ponts étaient alors hérissés de bâtiments, selon la coutume du moyen âge; l'élément destructeur les envahit, et un spectacle prodigieux se refléta dans l'eau. Des poutres, des éclats brûlants y tombaient et s'y éteignaient avec un aigre murmure. Cette ligne ardente, qui traversait le fleuve, semblait une route de l'enfer. La bise poussait des torrents de fumée, d'étincelles et de flammèches le long de son cours.

Le tableau que présentait la ville n'était pas moins sinistre et moins majestueux. L'embrasement, qui gagnait du terrain à l'est, à l'ouest et au septentrion, dévorait plusieurs quartiers : une mer de vagues incandescentes roulait au-dessus des toits, et formait de plus hauts tourbillons lorsqu'elle atteignait une église. La cathédrale de Saint-Paul rayonnait ainsi qu'un monument de bitume et de soufre allumé par le tonnerre. Cette éblouissante clarté peignait le dessous des nuages, qui fuyaient comme saisis d'horreur. La voix de la rafale, le craquement des charpentes, le grondement de l'incendie, les clameurs de la multitude, le bruit des édifices croulant sur eux-mêmes, tonnaient sans relâche et composaient une lugubre symphonie. On aurait cru voir une seconde Gomorrhe, périssant, à cause de ses forfaits, sous la vengeance de Dieu.

Cependant l'aube se leva, morne et désolée : on ne peut dire qu'elle éclaira la ville, car celle-ci flamboyait comme une torche. Le roi et le duc d'York, à la tête d'un grand nombre de travailleurs, essayèrent en vain d'arrêter la conflagration; elle brava leurs efforts et dura tout le jour. Une seconde nuit, plus terrible que la première, s'écoula sans permettre aux habitants de fermer les yeux; des milliers d'hommes, privés de leurs demeures, ne savaient où reposer leur tête, et ceux qui n'avaient point perdu leur logis n'osaient s'endormir à côté du brasier. Presque tous déménageaient, voulant au moins sauver leur linge et leurs meubles. La foule suivait d'un œil désespéré les progrès du feu : tant de personnes naguère opulentes se trouvaient maintenant réduites au pain de la charité! Le fléau continua sa course envahissante jusque dans la nuit du mardi; le vent s'étant alors apaisé, il resta immobile, et le mercredi ne fut pas témoin de nouveaux malheurs. On espérait en être quitte; mais quand l'ombre eut ranimé les teintes sanglantes de la scène, la dévastation recommença près d'Inner-Temple. On y mit cette fois un terme soudain en pratiquant le vide à l'entour. Ce fut la dernière conquête de la flamme; elle respecta depuis les bornes qu'elle s'était elle-même données, finissant de détruire tout ce qu'elle enveloppait.

La fournaise couvrait alors un espace de quatre cent trente-six acres, plus de six cents arpents! Quinze quartiers brûlaient dans toute leur étendue, huit autres en partie; quatre-vingt-neuf églises, l'hôtel de ville, quatre portes de la Cité, une foule de monuments, tels que des hôpitaux, des écoles, des bibliothèques, et treize mille deux cents maisons (1), bordant quatre cents rues, fumaient au soleil dont elles obscurcissaient la clarté. Sa lumière n'avait pas éclairé, depuis les jours de Néron, une aussi grande catastrophe. On regarda comme un effet providentiel qu'au milieu d'un semblable désastre six individus seulement eussent péri; encore deux ou trois moururent-ils en se hasardant trop tôt dans les ruines. Il fut impossible d'évaluer un si immense dommage.

On s'occupa aussitôt de reconstruire la ville, ce qui fut fait presque entièrement en quatre années. La nouvelle Cité fut bâtie dans un style plus élégant et avec plus de régularité que l'ancienne, de façon à offrir plus de garanties contre les épidémies, les incendies et tous les désastres qui avaient jusqu'alors semblé faire de Londres un lieu maudit. Pendant ce temps, Charles II et sa cour avaient violé les priviléges de la ville et usurpé une sorte de pouvoir absolu. Une nouvelle révolution fut la conséquence de ces abus, et en 1689, Guillaume recevait d'une *convention nationale* la couronne d'Angleterre, conjointement avec sa femme Marie. Dès la première année du règne du nouveau souverain, les citoyens furent réintégrés dans leurs priviléges et les actes arbitraires des gouvernements précédents furent rapportés.

De nouveaux troubles, occasionnés encore par des haines religieuses, émotionnèrent et inquiétèrent la Cité, en 1780, sous le long règne de Georges III. Les rebelles, qui avaient pris pour prétexte, des concessions

(1) C'étaient les cinq sixièmes du nombre total. Plusieurs de ces détails nous ont été fournis par une relation populaire que l'on vendait autour de Londres quelques jours après le désastre.

faites aux catholiques romains, détruisirent les chapelles catholiques et quelques maisons; puis ils délivrèrent les prisonniers en incendiant les prisons; alors l'insurrection prit le caractère du pillage et du vol.

Rien de notable ne s'est passé à Londres, ni sous le règne de Georges IV, de 1820 à 1830, ni sous celui de la reine Victoria, si ce n'est l'incendie du palais législatif de Westminster, le 16 octobre 1834. Aujourd'hui Londres s'apprête à donner au monde une de ces fêtes mémorables qui marquent dans l'histoire d'un peuple et dans l'histoire d'un siècle. L'Exposition universelle de 1851 sera un des événements les plus importants de l'époque, dont il marque la tendance et le caractère pacifiques. La capitale des trois royaumes va être pendant six mois le rendez-vous de tout le commerce, de toute l'industrie, de l'univers entier; peut-on rien imaginer de plus grandiose et de plus significatif dans une ère aussi exclusivement commerçante et industrielle que celle où nous vivons?

LE PEUPLE ANGLAIS. — LA VILLE; — LES MŒURS ANGLAISES [1].

La première impression qu'on éprouve en parcourant Londres, c'est un vif enthousiasme pour les puissances de l'activité humaine, puissances que l'examen de cette ville et de ce pays fait concevoir à ceux qui en ont le moins l'idée. Londres, c'est le travail et l'action se mouvant dans l'immensité; c'est comme le *tutti* formidable du grand orchestre industriel du monde. Tous les instruments jouent à la fois, et chaque musicien a si bien le sentiment de la mesure et de l'effet général qu'il doit concourir, qu'il n'a plus besoin de voir la baguette du chef d'orchestre.

Mais que de variété dans l'exercice des diverses fonctions actives, qui toutes concourent à un résultat unique, la grandeur et la richesse de la nation!

Que de liberté dans l'action individuelle de chacun, et pourtant que d'harmonie dans l'ensemble!

Mais hâtons-nous d'ajouter que s'ils jouissent de la plus large liberté civile et politique, les Anglais ont, en revanche, à subir un esclavage que nous autres Français nous serions incapables de supporter : c'est l'esclavage des mœurs. Comme leurs mœurs sont pour eux une sorte d'arche sainte et glorieuse à laquelle on ne doit pas toucher, ils se font une gloire de les respecter, même dans ce qu'elles ont à nos yeux, de plus choquant.

Si vous voulez vous faire une véritable idée du génie du peuple anglais, visitez les docks, les entrepôts de douane, les gares de chemins de fer. Tout cela est de ce beau pour ainsi dire pratique, qui ne veut et n'a d'autre prestige que celui de l'utilité. Aucune recherche d'art ni d'élégance. En France, on fait souvent des monuments, des édifices, grands seulement pour qu'ils soient grands; en Angleterre, ils n'ont que la grandeur nécessaire pour la facilité et la commodité des services auxquels ils sont destinés. Les gares des chemins de fer de la Grande-Bretagne sont moins bâties et décorées avec moins de pompe architecturale que les nôtres; mais elles sont plus vastes et mieux aménagées pour le mouvement et la circulation des voyageurs et des marchandises.

Plus on examine les choses en Angleterre et plus on est pénétré de cette idée de grandeur qui est empreinte sur tout ce qui est anglais; — plus on observe les mœurs, plus on étudie les hommes, et plus on comprend que chez eux la fierté nationale et l'orgueil privé sont encore plus grands que toutes ces grandes choses. Autant ce sentiment d'orgueil est beau et fécond pour les nations, autant il les enrichit et les exalte, autant il expose les individus à de misérables petitesses qui les amoindrissent.

Ainsi rien de plus beau assurément, de plus admirable que ce légitime orgueil avec lequel tous les Anglais parlent de leurs possessions lointaines, de cette incroyable persévérance qui a créé à leurs nationaux des positions importantes, des ports et des passages sur tous les points de la carte du monde, des sortes d'étapes commerciales tout autour de notre globe terrestre. Quel que soit le danger pour l'avenir de cette multiplicité et de cette étendue de possessions éloignées, il n'en est pas moins vrai que l'agrandissement et la conservation actuels d'une pareille puissance peuvent être considérés comme le fait d'un grand peuple.

Mais, d'un autre côté, quoi de plus petit, de plus mesquin que cette vanité des fortunes anglaises, que cette gloriole des familles anglaises qui, n'étant pas assez riches pour aller à la campagne, ferment leurs volets pendant l'été et vivent à l'intérieur, presque sans sortir, pour faire croire qu'elles sont aux champs dans leurs cottages, comme tout le monde opulent?

Cette sorte d'orgueil intime, qui est de l'essence même du caractère des Anglais, les a portés à murer dans l'intérieur d'une maison la vie privée de chaque famille, pour faire ainsi fort aisément, en s'imposant quelques privations, se faire passer pour beaucoup plus riche qu'on n'est.

A coup sûr, nous n'en sommes pas là de la grandeur!

Toutes les maisons anglaises affichent des prétentions à la magnificence. Elles ont un vaste développement, et leurs murs extérieurs jouent, à s'y méprendre, la grande construction en pierres de taille. Approchez, et vous reconnaîtrez qu'elles sont construites en simples briques recouvertes d'un mortier et d'une peinture figurant de larges assises. C'est de l'orgueil mural! Il en est ainsi, même dans Eaton Place, qui a environ une demi-lieue de tour; et c'est le plus beau quartier du Londres d'aujourd'hui.

Puisque nous parlons des rues et des maisons de Londres, nous placerons ici un mot sur le pavage et le numérotage. Presque toutes les rues sont ou sont mal macadamisées. Après une foule d'essais de différents systèmes, celui-ci paraît être le meilleur; il n'est toutefois sans inconvénient. S'il rend service aux habitants des maisons voisines, en étouffant le bruit des

[1] La fin de ce chapitre est extraite du *Portefeuille d'un voyageur français en Angleterre*, de M. Julien Lemer.

voitures, il met quelquefois, par cela même, la vie des passants en danger.

Le numérotage est complètement inintelligible; on a de la peine à s'expliquer le maintien, dans un pays où tout respire l'ordre et la commodité, de ce système barbare, qui consiste à faire suivre la série des numéros tout le long d'un côté de la rue, pour la continuer en revenant sur l'autre côté. Ainsi le numéro 1, par exemple, peut se trouver vis-à-vis du numéro 550; allez donc chercher le numéro 360, et tâchez de deviner s'il est sur le côté droit ou sur le côté gauche de la rue. Cependant comme on s'avise aujourd'hui en Angleterre de renoncer à l'absurde exclusivisme de l'amour-propre national, on en vient à ne plus dédaigner de prendre aux étrangers leurs usages commodes. La réforme du numérotage va, dit-on, bientôt s'opérer. Déjà *Regent street* est numéroté comme les rues de Paris. — On commence aussi à substituer à l'ancien système des fenêtres dites *à guillotine* la forme de nos fenêtres actuelles. En vérité, il est plus que temps.

Si les Anglais ont raison de nous emprunter nos systèmes de fenêtres et de numérotage des rues, nous ferions bien, en revanche, d'adopter, pour l'appliquer aux rues de Paris, le mode de balayage ingénieux et expéditif pratiqué à Londres. Ce système consiste en un cylindre tournant auquel sont adaptés des rangs de balais et de pelles qui soulèvent la boue et vont la déverser dans un réservoir placé sur le devant d'un train tiré par des chevaux.

Les trottoirs sont beaucoup plus propres que chez nous; cependant on ne connaît pas à Londres les petites colonnes *vespasiennes* dont l'édilité parisienne a orné nos boulevards, nos quais et la rue du Faubourg-Saint-Martin; elles y seraient inutiles. Les mœurs et le bon esprit de la population suffisent pour préserver les rues et les murailles des déplorables immondices qui infectent, salissent et dégradent les abords de nos maisons et de nos monuments, en dépit de toutes les ordonnances du préfet de police et de la surveillance de nos sergents. L'étranger devra donc tenir grand compte des règlements à cet égard, sous peine d'amende.

Véritablement, il est fort heureux qu'il n'y ait sur le pavé des rues que les boues formées par l'eau du ciel, et qu'elles soient enlevées, régulièrement, dans une ville où un rayon de soleil peut être considéré comme un événement.

A Londres, on paraît né pas connaître la flânerie, cette charmante occupation de tous les Parisiens qui sont ou ne sont pas de Paris.

Les Anglais, que nous voyons flâner avec frénésie sur nos trottoirs de Paris, redeviennent, aussitôt qu'ils sont rentrés à Londres, les bipèdes les plus empressés de la terre.

Dans les rues, on ne se promène pas, on marche, on va à ses affaires. Et comment se promènerait-on? où s'arrêterait-on dans un flot si rapide, si impétueux, qu'il vous entraîne presque malgré vous! Aussi y a-t-il un trottoir consacré aux allants et un autre consacré aux venants; il faut bien se garder de chercher à remonter ce courant; on risquerait de se faire, sinon écraser, au moins causer de contusions.

Les magasins, du reste, n'étalent pas ce luxe de devantures qui, à Paris, attire l'œil et arrête l'attention des passants, comme pour les provoquer à la flânerie. On voit que le commerce y cherche peu cette clientèle dite *couvrante*, qui constitue le meilleur, et parfois même le seul élément de fortune d'un grand nombre de boutiques parisiennes.

Le commerce se fait à Londres d'une façon beaucoup plus simple qu'à Paris. Le temps, ce capital inappréciable, que nous autres Français nous gaspillons avec une si folle prodigalité, est sévèrement économisé dans les mœurs commerciales des Anglais.

Qu'une personne entre dans un magasin, aussitôt le maître de la maison ou un commis vient s'informer de l'objet de sa visite. S'il s'agit d'emplettes, il lui montre les marchandises demandées, lui en dit le prix, qui est toujours invariablement fixe. L'acheteur accepte ou refuse, et toute la transaction se termine en moins de deux minutes par un oui ou un non. Dans le cas où l'acheteur refuse, le marchand se garde bien de chercher à lui persuader qu'il a tort, en *faisant l'article*, comme disent nos boutiquiers de Paris, et aussi de lui proposer d'autres marchandises; il considère toutes ces *avocasseries* du commerce français comme autant de paroles et de temps perdus. Il en est de même si un courtier vient lui faire des offres de services. Tout le dialogue se borne à quelques mots, et se termine par un oui ou un non irrévocable.

Sous le rapport de la qualité des denrées, du poids, du mesurage, on est sûr de trouver partout la plus stricte probité, dans les plus petites comme dans les plus grandes maisons.

On assure qu'à l'occasion de l'Exposition universelle il s'est ouvert et il va s'ouvrir à Londres des restaurants français où l'on pourra manger des mets préparés par de cuisiniers français dignes de ce titre; il serait honorable en matière culinaire. Il ne suffit pas, en effet, que l'industrie française brille d'un vif éclat à l'Exposition, il est désirable aussi que la cuisine française, la première cuisine du monde, soit dignement représentée à Londres, pour les yeux et pour les palais des gastronomes de tous pays qui vont affluer dans la capitale des trois royaumes. Déjà M. Soyer, célèbre cuisinier français, vient d'ouvrir dans *Gore-House* un restaurant cosmopolite. Cet établissement, connu sous le nom de *Soyer's Symposium*, est dans l'ancien hôtel du comte d'Orsay.

Il y a depuis quelque temps à Londres un genre d'établissement fort à la mode : ce sont les grandes laiteries. Les badauds y vont consommer ou acheter du lait, de la crème, du beurre, des œufs frais, qui sont censés produits sur place. Deux ou trois vaches et une vingtaine de poules suffisent pour alimenter une consommation quotidienne de plusieurs hectolitres de lait et de crème, d'un nombre considérable de quintaux de beurre et de milliers d'œufs.

Si le commerce se fait honnêtement à l'égard même des étrangers, à qui l'on ne tente jamais de faire payer les objets plus cher que le prix fixe et marqué, en revanche les visiteurs de monuments publics et les amateurs de petits spectacles sont indignement spoliés par les gardiens, les ciceroni et les montreurs de curiosités.

Entrez dans un de ces lieux désignés au voyageur comme curieux dans tous les Guides de Londres, et vous êtes sûr de n'en sortir que bien et dûment rançonné. Vous avez d'abord à payer un droit d'entrée, droit moyennant lequel vous achetez tout juste la faveur de franchir le seuil de la porte principale. Une fois à l'intérieur, il vous faut encore payer et repayer pour chaque porte qui s'ouvre devant vous, pour chaque objet qu'on vous montre, et ces objets se multiplient à l'infini.

— Nous avons encore, vous dit le cicerone d'un ton insinuant, telle chambre qui a été habitée par... telle célébrité; monsieur désire-t-il la voir?

— Oui.

C'est un shilling ou deux par personne qu'il faut payer.

— Et la statue de tel prince?

— Oui.

Encore un shilling.

Et ainsi de suite jusqu'à l'entier épuisement de votre bourse ou du génie inventif et exploiteur du gardien.

Cette rançon est l'impôt le plus lourd et le plus vexatoire que l'hospitalière Albion lève sur les voyageurs.

Ce n'est que dans l'intérieur des familles qu'on peut bien étudier le caractère et les mœurs des Anglais. Dans les rues, dans les lieux publics, ils vivent comme sur un théâtre; on ne pourrait même pas garantir qu'ils ne posent pas aussi chez eux, quand ils y sont en présence d'un étranger.

Voici toutefois quelques observations qu'il nous a été donné de faire :

Leur intérieur n'est pas, à beaucoup près, aussi confortable qu'on se plaît généralement à le dire. Il nous a paru influuent moins commode, moins agréable et surtout moins artiste que l'intérieur des familles aisées de Paris.

Ils ont des tapis partout, c'est vrai; mais il faut dire que chez eux, grâce à l'humidité du sol et de l'air, le tapis n'est pas seulement un objet de confort, c'est un meuble de première nécessité.

Ils changent de couvert à chaque plat; excellente méthode qu'un grand nombre de familles françaises pratiquent aussi; mais en Angleterre, ce luxe est peu coûteux, attendu qu'il y a rarement au dîner plus de deux plats, le poisson et le rôti.

Leurs sièges ne peuvent soutenir aucune comparaison avec les nôtres : il est bien naturel, du reste, que ce soit chez les Français, qui ont toujours tant vécu assis, que les sièges se soient le plus perfectionnés.

Quant à la décoration des salons, des chambres à coucher, des cabinets, elle est d'une mesquinerie qui ferait rougir nos petites maîtresses les moins délicates en matière d'ameublement. Les Anglais n'ont pas comme nous ce goût des petites recherches qui font l'agrément de nos demeures; en outre, leurs ouvriers, excellents travailleurs, restent toujours des artisans et ne deviennent jamais des artistes comme les nôtres. Aussi l'élégance, l'art, la frivolité, si l'on veut, manquent-ils dans tout ce qui les entoure. La préoccupation de l'utile les absorbe au point de ne leur pas laisser le temps de désirer et de chercher ces délicieuses inutilités qui font le bonheur de la vie des Français et surtout des Françaises. Ce n'est assurément pas un Anglais, pas même un excentrique, qui eût trouvé ce charmant paradoxe d'un de nos poètes : « Il n'y a de nécessaire que le superflu. »

Ces observations ne s'appliquent pas seulement à la bourgeoisie. Partout, chez le noble lord comme chez le marchand et le paysan, l'utile ne laisse pas de place à l'agréable. — Chez nous, c'est tout le contraire; souvent l'agréable tient tant de place, qu'il n'en reste pas pour l'utile.

Et pourtant, aucun peuple n'est plus fastueux que le peuple anglais; mais c'est du faste, du luxe, de la richesse, d'où l'art s'absente presque toujours.

Il y a toutefois des exceptions; et l'on compte quelques riches familles anglaises qui ont rapporté de leurs voyages sur le continent un goût très-délicat et très-artiste, sans pour cela renoncer à leur amour de l'utile. C'est à celles-là qu'on peut appliquer le vers d'Horace :

Omne tulit punctum qui miscuit utile dulci.

CORPORATIONS.

Nous avons parlé des corporations de la Cité; elles sont au nombre de quatre-vingt-dix, et se réunissent, par groupes ou toutes ensemble, dans les *Commons halls.* Cinquante de ces corporations ont en outre des salles particulières. Quelques-unes ont des salles vraiment monumentales; nous allons les indiquer en peu de mots :

Salle des Merciers (Mercer's hall), dans Cheapside. Cet édifice présente

Fishmonger's hall.

une façade enrichie de sculptures. La cour intérieure est entourée d'une co-

lonnade. La grande salle et la chambre du conseil sont lambrissées en chêne curieusement sculpté. — *Salle des Épiciers* (Grocer's hall) dans Poultry. C'est un assez beau bâtiment régulier, dont la façade est ornée d'un emblème représentant les diverses productions de l'Orient. — *Salle des marchands de poisson* (Fishmonger's hall), dans Thames street. Cet édifice étrange a trois façades de trois styles différents: du côté de la rivière s'élève une belle terrasse sur une colonnade en granit. On y remarque la statue de sir W. Walworth, tenant dans sa main droite l'épée dont il frappa Watt Tyler. — *Salle des Orfèvres* (Goldsmith's hall), derrière la Poste. C'est un

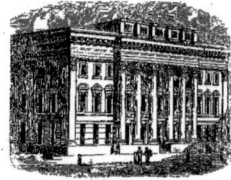

Goldsmith's hall.

très-vaste édifice à colonnes, bâti en pierre de Portland. L'intérieur de la salle est d'une magnificence sans égale. Le buffet sur lequel on place la vaisselle d'or et d'argent dans les grands dîners, est évalué à 500,000 l. sterl. (12 millions 500 mille fr.).

JOURNAUX.

Il n'y a pas de ville au monde où l'on attache aux journaux plus d'importance qu'ils n'en ont à Londres. La presse est véritablement, en Angleterre, le quatrième pouvoir de l'État, ainsi que l'écrivain anglais dans une histoire très-curieuse du journalisme britannique. Il faut dire aussi, ce n'est pas seulement en politique que les journaux anglais jouent un grand rôle, c'est encore, c'est surtout dans les affaires commerciales. A Londres, tout se dit, tout s'annonce par la voie des journaux; les négociants font ainsi la moitié de leur correspondance; la presse les dispense de circulaires; les invitations, les lettres de faire-part sont-remplacées par des avis imprimés dans les journaux.

LOGEMENTS ET HÔTELS GARNIS.

Il y a à Londres plus de deux cents hôtels garnis; pendant l'Exposition universelle, le nombre en sera plus que doublé. Le Français qui arrive absolument dépourvu de renseignements est bien obligé de s'en remettre un peu au hasard pour le choix de son logement; en butte aux persécutions intéressées des garçons qui lui remettent des cartes au moment où il débarque du wagon ou du bateau à vapeur qui l'aura amené, ce sera à lui de choisir. Une fois son choix fait, le plus simple pour lui est de monter dans un fiacre, et, s'il ne sait pas l'anglais, de remettre au cocher un papier sur lequel il écrira ces mots : *Set me down at...* (descendez-moi à...) auxquels il ajoutera le nom et l'adresse de l'hôtel par lui choisi.

Le voyageur qui doit résider longtemps à Londres et qui par conséquent est bien aise de se familiariser avec la langue anglaise, fera bien de se loger dans un hôtel anglais, où il apprendra forcément les premiers éléments du langage usuel, à moins qu'il ne préfère se placer dans une maison particulière; il y en a beaucoup à Londres qui reçoivent des étrangers en pension. Mais pour le promeneur qui fait en Angleterre une simple excursion de plaisir et n'y veut rester que quelques jours, il vaut mieux, s'il est Français, qu'il choisisse un des nombreux hôtels français. Nous espérons que, durant le temps de l'Exposition, notre cuisine nationale sera mieux représentée en Angleterre qu'elle ne l'était il y a dix-huit mois.

Il serait impossible d'indiquer les prix des divers hôtels, puisque chacun d'eux varie suivant sa situation et la manière dont il est tenu ; cependant, on peut, dans la Cité, trouver des hôtels où pour 7 à 8 shillings (de 10 à 12 fr.) par jour une personne raisonnable peut avoir tout ce qu'il lui faut — un bon lit, déjeuner, dîner, souper et la liberté de rester dans la salle du café si la compagnie lui convient. Le meilleur moyen de juger si l'hôtel où l'on se trouve s'accorde avec le plan de dépenses qu'on s'est formé, c'est de demander son compte le lendemain de son arrivée; on se décide alors suivant son propre jugement. Quant aux prix des vins, il y a généralement une liste imprimée qu'on n'a qu'à demander au garçon pour faire son choix.

Pensions bourgeoises. — Il y a aussi à Londres des maisons garnies où l'on peut être logé et nourri. Elles sont de deux côtés : les unes, dans la Cité, établies en vue des jeunes gens employés, où l'on paie environ une guinée (25 fr.) par semaine ; les autres, situées au West end (ouest de la ville), destinées plutôt aux personnes qui visitent Londres pour leur plaisir, pour les membres du parlement, pour les fonctionnaires publics, etc., et conséquemment les prix en sont plus élevés, c'est-à-dire d'une guinée et demie jusqu'à quatre (de 40 à 100 francs) par semaine; ici, la compagnie est choisie, distinguée, et offre (surtout à l'étranger à Londres qui s'y trouve isolé), la retraite la plus agréable qu'il puisse y choisir. On ne s'engage pas pour une semaine.

Pour la commodité des personnes qui ne viennent à Londres que pour quelques jours et qui veulent éviter le bruit ou les dépenses d'une auberge ou d'un hôtel, il y ades maisons de particuliers (*lodging houses*) où le voyageur peut s'arranger à tant par nuit et avoir son déjeuner et tout autre repas à un prix très-modéré.

Appartements garnis. — On trouve partout, dans Londres, des appartements garnis (*apartments to let furnished*) dont les prix varient depuis 12 shillings jusqu'à 5 guinées (de 15 à 130 francs environ) par semaine, pour une chambre à coucher et un salon au premier; dans le prix, il est toujours entendu que le domestique est aux ordres du locataire à l'heure du déjeuner ou du thé, et que l'appartement doit toujours être bien tenu; mais comme il n'est pas d'usage que l'on dîne à la maison, il faut, dans le cas où l'on ferait exception, s'attendre à une augmentation de loyer.

CAFÉS, RESTAURANTS, TAVERNES.

Depuis quelques années le nombre des *coffee-rooms* et des *dining-rooms* a considérablement augmenté. On suppose qu'il n'y a pas moins de 250 restaurateurs et 300 cafés où il est défendu de vendre aucune espèce de liqueur. Ces maisons sont fort commodes pour les personnes employées dans les affaires et pour les étrangers, qui ne sont pas toujours maîtres de leur temps. On peut fort bien déjeuner pour un shilling, thé ou café et tous les accessoires, ou pour un shilling et demi, avec de la viande. Les dîners sont toujours prêts depuis une heure jusqu'à six, et les prix varient autant que l'abondance des différents mets portés à la carte du jour. On est ordinairement servi par des femmes qui, au lieu de recevoir des gages du maître de la maison, paient au contraire celui-ci pour obtenir sa place, parce qu'il est d'usage que chaque personne donne quelque chose à la fille, ce qui constitue ses gages et couvre le prix de l'achat de sa charge; un penny (10 centimes) est ordinairement ce qu'on ajoute au montant de la carte. Les cafés ont en général bon nombre de journaux et d'ouvrages périodiques pour l'usage des personnes qui les fréquentent. — Ces cafés et ces restaurants n'ont rien du genre de ceux de Paris; ils sont beaucoup moins luxueux, mais le service y est souvent plus confortable.

Il y a encore les tavernes, qui sont en même temps des cafés, des restaurants et des lieux de réunion où l'on fait des repas de corps, de famille, etc.

Enfin, pour répondre à ce que sont à Paris nos estaminets, Londres offre au voyageur ses *cigar divan*, en général plus luxueux que les cafés. Les principaux de ces divans sont : n° 101 dans le Strand, et n° 42, King street, Covent Garden. Le premier consiste en une longue salle décorée dans le goût oriental et qui, à la lumière, offre un coup d'œil très-brillant. Les tables sont couvertes d'une abondance de journaux de tous les pays, d'échiquiers, de damiers, etc. Le prix d'entrée est de 1 shilling (1 fr. 25 c.), pour lequel on a un cigare et une tasse de café. Les autres, quoique moins riches, sont organisés à peu près de la même façon.

CHAPITRE II.

Douane; — Police; — Chemins de fer; — Bateaux à vapeur; — Fiacres, cabriolets, omnibus; — Poste aux lettres; — Monnaies.

DOUANE.

L'hôtel de la douane (*Custom House*) est situé dans Lower Thames street, mais sa principale façade, qui est nue et plutôt lourde qu'élégante, donne sur la rivière; elle offre une belle vue du pont de Londres. L'entrée principale est dans la rue au nord. Le bâtiment a 480 pieds de longueur et 100 de profondeur, en sorte que de six à sept cents commis et officiers et mille de ces ouvriers appelés *tide-waiters* et autres, y trouvent place, et il y a environ 170 salles différentes dans lesquelles les employés de chaque département font leur service.

Custom House.

POLICE.

En arrivant à Londres, l'étranger se trouve sous la protection d'une police fort bien organisée. Comme il peut avoir parfois des réclamations à lui adresser, il est de son intérêt de connaître sommairement le mécanisme de cette organisation.

On compte à Londres deux directions distinctes de police : la police de la métropole et la police de la Cité.

La police de la métropole, dont le bureau principal est situé Whitehall place, n° 4, a deux commissaires. La force consiste en 19 surintendants, 110 inspecteurs, 465 sergents de police et 3,802 simples gardes, en tout 4,396, y compris la police de la rivière qui occupe environ 100 hommes.

Tous ces inspecteurs, sergents et gardes sont connus sous le nom général de *policemen* (hommes de police).

C'est à sir Robert Peel que Londres est redevable de la nouvelle organisation des policemen; cette organisation est un des beaux titres de gloire de ce grand homme d'État, qui en a tant d'autres. Choisis parmi des hommes bien faits et robustes, les policemen, placés de distance en distance dans toutes les rues de la ville, exercent sur tous les points une surveillance permanente. Pleins de politesse et d'aménité pour l'étranger, ils le conduisent volontiers, s'il craint de s'égarer, jusqu'à sa destination. Ils sont chargés d'assurer l'exécution des ordonnances de police, de constater les délits, de veiller à la propreté de la ville, d'intervenir pacifiquement dans toutes rixes et disputes; on peut s'adresser à eux pour toute espèce de renseignements. Leur costume est facile à reconnaître; il se compose pour la petite tenue d'une redingote bleue un peu longue : un galon noir et blanc passé autour du poignet distingue ceux qui sont de service. Pour toute arme ils ont un petit bâton de bois de 50 centimètres, surmonté d'une couronne royale qui renferme un lourd morceau de plomb; ils tiennent ce bâton caché sous leur redingote et ne s'en servent qu'à la dernière extrémité. En grande tenue, ils portent un pantalon bleu foncé, et un habit pareil sur le collet duquel le numéro de leur section est brodé en blanc. Leur chapeau rond est garni d'un fond et d'un galon de cuir verni. A leur ceinture est suspendu un étui contenant un manteau de toile cirée.

Les bureaux de police de la métropole, auxquels sont attachés des magistrats, sont :

Bow street, Covent Garden,	Worship street, Shoreditch,
Queen's square, Westminster,	Lambeth street, Whitechapel,
Great Marlborough street,	Union street, Southwark,
High street, Marylebone,	et
Clerkenwell, Bagnigge Wells road,	Arbour square, Stepney.

La police de la Cité a son bureau principal n° 26, Old Jewry, Cheapside.

CHEMINS DE FER.

Le service des chemins de fer est fait à Londres et dans toute l'Angleterre avec une précision, une exactitude admirables. Les gares sont vastes et commodes, les wagons de première classe très-bien disposés et confortablement larges et meublés, pour la facilité et l'agrément du voyageur. Quant à ceux de deuxième et troisième classe, ils sont dans les conditions de salubrité désirables. Les correspondances des omnibus fonctionnent avec la plus grande régularité.

Il part de Londres huit lignes de fer :

1° Celle de Greenwich, la première construite, qui commence au côté sud du pont de Londres. Les départs ont lieu tous les quarts d'heure, depuis huit heures du matin jusqu'à dix heures du soir;

2° Celle de Croydon, qui forme la tête du chemin de Brighton et Douvres, commençant aussi au pont de Londres;

3° Celle de Birmingham, tout près de Euston square, New road, Somers town; ses voitures font le voyage plusieurs fois par jour. Cette entreprise communique avec celle dite *Grand Junction Railway*, qui va à Manchester et à Liverpool, les trains s'arrêtant aux principales villes sur leur passage. Le bâtiment de la gare est d'une élégance remarquable;

4° Celle de l'Ouest (*Great Western Railway*) qui commence à Praed street, Paddington, va jusqu'à Bath et Bristol, de là à Taunton; on construit une continuation de cette ligne pour la joindre avec Exeter;

5° Celle de Londres à Blackwall, qui a son entrée au n° 60, de Fenchurch street; ici, comme depuis Euston square jusqu'à Chalk farm, sur la ligne de Birmingham, on se sert de machines stationnaires au lieu de locomotives, ce qui diminue considérablement les dépenses de la compagnie;

6° Celle du Sud-Ouest (*South Western Railway*), pour Southampton et Portsmouth, qui commence à Nine Elms, Vauxhall. Des bateaux à vapeur partent du pont de Londres et autres embarcadères sur différents points de la Tamise, et sont réglés de manière à arriver à temps pour les départs des trains de ce chemin de fer;

7° et 8° Celles de l'Est et du Nord-Est (*Eastern counties and Northern counties Railways*). — La première communique avec Brentwood, Chelmsford et Colchester, et l'autre avec Broxbourne et Stortford; une partie de ces lignes est ouverte, et commence au n° 44, Shoreditch.

On peut d'ailleurs se procurer toutes les informations nécessaires aux différentes auberges (*inns*), ainsi qu'aux bureaux de voitures (*booking offices*), d'où partent, pour les divers railways, les omnibus dont les prix varient de six à huit pence par personne.

BATEAUX A VAPEUR.

Depuis qu'en 1815 M. G. Dodd amena de Glasgow à Londres le premier bateau à vapeur qui navigua sur la Tamise, les eaux de ce fleuve ont été agitées par quelques millions de roues de steamers de toutes les formes et de tous les tonnages.

Aujourd'hui, il y a à Londres des bateaux à vapeur pour presque tous les ports de l'Angleterre, de l'Écosse et de l'Irlande, et ainsi que la France et autres parties du continent.

FIACRES, CABRIOLETS ET OMNIBUS.

Il n'y a pas fort longtemps que l'usage des voitures de place et des omnibus est commun à Londres. Les cabriolets ne datent même que de ce siècle; ce sont les cabriolets qu'on désigne par le mot de *cabs*; ce qu'à Paris on a improprement appelé de ce nom est considéré à Londres comme coupé (*chariot*).

Le prix d'un fiacre est de 4 shilling par mille, et 6 pence pour chaque demi-mille au delà; si on le prend à l'heure, c'est 4 shilling pour une demi-heure, et 6 pence pour chaque quart en sus. Le prix d'un cabriolet est moindre d'un tiers.

Avis important à ce sujet. — Ce que les étrangers ont de mieux à faire, c'est d'imiter les Anglais, en convenant expressément du prix de la course avec le cocher, avant de monter en voiture. S'ils ne prennent pas cette précaution, ils courent grand risque d'être rançonnés. Le petit *Plan à la main* qui est joint à ce *Guide*, leur sera fort utile pour calculer à très-peu de chose près, les distances qui séparent les différents points de la ville de Londres.

Les omnibus, qui constituent une des plus grandes commodités qui furent jamais inventées pour le public, sont d'origine française et parurent pour la première fois à Londres en 1830.

Des omnibus vont d'Islington à Elephant and Castle; mais il y a, pour la Cité, deux routes qui se rencontrent au point dit *the Angel* — l'une, *the City road*, qui conduit directement à la Banque et à la Bourse, — l'autre, *the Goswell street road*, qui va un peu plus au sud que l'autre ligne et qui conduit à St. Martin's-le-Grand où se trouve la Grande Poste (*the General Post Office*), puis Newgate street, Farringdon street, et passe de l'autre côté de l'eau par le pont dit Blackfriars bridge. Outre les omnibus qui vont d'Islington à *Elephant and Castle*, il y en a d'autres qui, de ce dernier point, vont à Charing Cross, King's Cross, Paddington, etc. On compte près de 700 omnibus pour Londres et 200 pour ses environs, et l'on suppose qu'ils prennent chaque jour plus de 70,000 voyageurs.

Une des choses qui surprennent le plus l'étranger, au moment où il met le pied dans Londres, c'est le prodigieuse quantité de voitures qui circulent incessamment de tous côtés. La rapidité de leur marche, la fréquence de leurs départs, semblent multiplier leur nombre, qui n'est guère, dans le fait, plus grand que celui des voitures de louage et des omnibus de Paris.

Les omnibus de Londres sont généralement construits pour contenir de douze à quatorze personnes à l'intérieur et six ou huit à l'extérieur. Le prix pour les petites distances de deux à trois milles, est ordinairement de 3 pence (30 centimes), et pour les courses de quatre à cinq milles, et plus, il est de 6 pence (60 centimes). Il y a, à certains endroits, un homme (*time-keeper*) chargé, par les propriétaires d'omnibus, de régler les départs montre à la main. — Les Anglais appellent ces voitures *omnibuses* ou, par abréviation, *busses*. — Les voitures de louage, en général peu commodes, marchent avec une rapidité prodigieuse. En outre, la Tamise est couverte d'une quantité considérable de petits bateaux à vapeur (*penny boat*) qui transportent les voyageurs du pont suspendu au pont de Londres, moyennant un penny (10 cent.). Il y a même une nouvelle entreprise, celle de *a-penny-boat*, qui transporte du Strand au pont de Londres pour un demi-penny (5 centimes).

POSTES.

Poste aux Lettres (*Post Office*). — Cet hôtel, d'une architecture assez remarquable à l'extérieur, est surtout admirable sous le rapport de la distribution intérieure; toutes les branches du service viennent communiquer sous le grand vestibule, qui offre en même temps un passage commode de Saint-Martin's-le-Grand à Fosterlane.

Post Office.

Voici comment sont réglés les services pour le transport des lettres dans le royaume britannique:

Les lettres pour l'intérieur peuvent être jetées dans les petites boîtes jusqu'à cinq heures du soir, — ou données (avec un sou sterling par lettre) aux facteurs qui, de cinq à six heures, passent exprès avec une sonnette; — ou encore, remises à l'un des trois bureaux de Charing Cross, de Old Cavendish street, et du n° 108, Blackman street, Borough, jusqu'à six heures moins un quart; ces trois bureaux, cependant, reçoivent jusqu'à six heures un quart les lettres sur lesquelles le *extratimbre* d'un sou anglais a été fixé; au bureau de Lombard street, on reçoit jusqu'à six heures, ou jusqu'à six heures et demi au moyen d'un *timbre*; enfin à la grande poste, dans Saint-Martin's-le-Grand, est ouverte jusqu'à six heures, et jusqu'à sept heures pour les lettres

portant l'*extratimbre*. A partir de sept heures et demie chaque lettre est surchargée de 6 pence.

PRIX DES PORTS DE LETTRES.

Si le poids n'excède pas une demi-once,	Un sou st. ou penny.
— une once,	Deux sous ou deux pence.
— deux onces,	Quatre sous.
— trois onces,	Six sous.

Et ainsi progressivement, à raison de deux *pence* par once, jusqu'à concurrence de 16 onces, poids au-dessus duquel, sauf des exceptions peu nombreuses, la poste ne prend pas les paquets.

Distribution des lettres. — La poste générale commence la distribution, dans chaque district et à la distance de trois milles du grand bureau, Saint-Martin's-le-Grand, vers neuf heures du matin, des dépêches de Londres, des villes des comtés et des lettres de l'Étranger arrivées à temps. Cette distribution est finie en deux heures environ, excepté les lundis et les autres jours où l'arrivée des vaisseaux étant plus considérable, le travail est forcément retardé d'une demi-heure ou plus. Toutes les lettres venant des villes où les dépêches sont envoyées le matin par les malles des chemins de fer, parviennent vers deux heures de l'après-midi, et sont délivrées à quatre heures.

Les journaux ne paient rien pour la poste de Londres, excepté quand ils sont jetés dans une petite boîte et délivrés dans les limites de la grande poste, auquel cas on doit payer 1 penny pour chaque journal.

Toute irrégularité dans la distribution des lettres, dont on informe le contrôleur, est dûment recherchée, et la cause aisément trouvée si l'on a soin de produire la lettre timbrée.

L'usage général à Londres est d'affranchir toutes les lettres au moyen du timbre-poste.

Lettres pour l'Étranger. — Aux termes des règlements, on peut faire passer des lettres en France de trois manières : 1° soit en payant le port en totalité ; 2° soit en payant le port seulement pour l'Angleterre ; 3° soit en les jetant simplement dans les boîtes, en laissant le port à la charge du destinataire.

Les lettres destinées aux pays étrangers partent, savoir :

Pour la France, tous les jours excepté le dimanche ;

Le service du transport des dépêches et des lettres pour l'Étranger et de l'Étranger se fait avec une admirable rapidité. Quant aux prix du port des lettres, ils ont été considérablement diminués, non-seulement pour l'intérieur des Iles Britanniques, mais aussi pour les correspondances internationales. Aujourd'hui, une lettre simple de Paris à Londres coûte 1 fr. de port au lieu de 2 fr. qu'elle coûtait avant le traité postal.

MONNAIES.

L'unité monétaire dans la Grande-Bretagne est le *pound* ou livre sterling. La livre est composée de 20 shillings ; chaque shilling contient 12 *pence*, et le *penny* vaut lui-même 4 *farthings* ou liards. Ces signes monétaires servent en général comme moyen d'évaluation. La livre se marque ainsi L: ; le shilling S: ; les pence D:.

En argent de France, ces valeurs représentent, savoir : la livre, 24 fr. (en France le pound ne vaut que 23 fr. 20 c.) ; — le shilling, 1 fr. 20 c. ; — le penny, 10 c. ; — le demi-penny, 5 c.

Les monnaies qui circulent en Angleterre sont :

Monnaies d'or.

La guinée, de 21 shillings,	qui vaut généralement	24 fr. 20 c.
Le souverain, d'une livre,	—	25 »
La demi-guinée,	—	12 60
Le demi-souverain,	—	12 80
La pièce de 7 shillings,	—	8 40

Monnaies d'argent.

L'écu de 5 shillings,	qui vaut généralement	6 »
Le demi-écu, de 2 shillings 6 pence ,	—	3 »
Le shilling , ou 12 pence,	—	1 20
La pièce de 6 pence,	—	» 60

Monnaies de cuivre.

Le penny ou sou, qui vaut................	» 10
Le demi-penny	....	» 5
Le liard	....	» 2 1/2

Les guinées et les demi-guinées ont rarement le poids ; les voyageurs doivent éviter d'en recevoir, s'ils ne veulent pas s'exposer à subir des portes quand ils voudraient eux-mêmes les donner ou paiement. Il est bon aussi qu'ils se tiennent en garde contre les pièces de 7 shillings, qui sont très-souvent fausses.

Le voyageur fera bien, avant de quitter Paris ou les différents ports français, ou bien en arrivant à Londres, de changer ses pièces françaises contre des monnaies britanniques, car les monnaies françaises ne sont pas reçues dans le commerce.

CHAPITRE III.

Palais et édifices remarquables. — Hôtels. — Monuments. — Places et squares.

PALAIS.

Palais de Saint-James (*Saint-James's Palace*), Pall Mall. — A la place où s'élève aujourd'hui le palais de Saint-James, il y avait autrefois un hôpital de lépreux. Henri VIII ayant saisi les revenus de cet hôpital, et l'avant fait raser, ordonna la construction de ce palais; ce fut là que sa fille, la reine Marie, passa les dernières années de sa vie. Charles Ier y fut enfermé pendant l'instruction de son procès, et son corps y fut reporté

Saint James's Palace.

après sa décapitation. Jacques III, la reine Anne, George Ier l'ont habité; George IV y est né; enfin il sert de résidence à la reine Victoria.

PALAIS DE BUCKINGHAM (*Buckingham house*), Saint-James's Park. — Ce palais, en pierre et en brique, élevé par John Sheffield, duc de Buckingham, lord du sceau privé de la reine Anne, est d'une construction à la fois simple et élégante. On l'appelle aussi le palais de la reine (*Queen's house*).

Buckingham Palace.

Situé à l'intérieur du parc de Saint-James, il figure un parallélogramme d'où partent deux ailes en retour. L'ensemble forme les trois côtés d'un carré de 250 pieds de diamètre. L'architecture est complétement grecque, c'est un mélange de dorique et de corinthien. L'architecte qui l'a presque entièrement reconstruit, en 1827 et 1828, a conservé à peu près le style du vieux palais qu'habitait George III.

PALAIS DE KENSINGTON (*Kensington Palace*). — Le roi Guillaume III acheta ce palais au comte de Nottingham, le fit reconstruire en partie, et y ajouta de nombreuses dépendances. Tout ce travail fut fait d'après les dessins de Christophe Wren. La reine Anne et la reine Caroline élargirent successivement les proportions des jardins; c'est à elles qu'on doit cette délicieuse et vaste promenade connue sous le nom de jardins de Kensington (*Kensington gardens*).

WHITEHALL. — Construit par Hubert de Brugh, comte de Kent, sur le bord de la Tamise, ce palais fut la proie des flammes en 1695; il n'en resta que la salle des banquets, bâtie par Jacques Ier, laquelle est encore un beau

Whitehall.

morceau d'architecture; on en a fait une chapelle où l'on officie tous les dimanches; le plafond, qui représente l'apothéose de Jacques Ier, a été peint par Rubens, et a coûté 3,000 livres sterling.

C'est en face de cet édifice qu'on éleva l'échafaud sur lequel Charles Ier eut la tête tranchée le 9 février 1649.

PALAIS DU LORD-MAIRE (*Mansion house*), Mansion house street.— Ce n'est

qu'en 1734 que le conseil commun résolut d'affecter un édifice spécial à la résidence du premier magistrat de la Cité. Le palais, commencé en 1739, ne

Mansion house.

fut achevé qu'en 1753; il coûta 42,638 livres sterling (1,065,950 francs).

PALAIS DE MARLBOROUGH (*Marlborough house*), Pall Mall. — Élevé sous le règne de la reine Anne, ce palais élégant fut offert au duc de Marlborough comme un témoignage de la reconnaissance de l'Angleterre; il est aujourd'hui habité par S. A. R. le prince de Saxe-Cobourg.

HOTELS.

HÔTEL DU DUC DE NORTHUMBERLAND (*Northumberland house*), Charing Cross. — Cet hôtel est un véritable palais. Sa façade, sur le Strand, présente

Northumberland house.

un aspect imposant; elle est surmontée d'un lion, qui fait partie des armes de la famille des Percy. La grande entrée de l'hôtel est par un vestibule de 80 pieds de long et orné de colonnes. A chaque bout de ce vestibule on voit un superbe escalier de marbre, qui conduit aux appartements. Dans ces vastes salles, décorées avec une magnificence royale, se trouve une précieuse collection de peintures de maîtres, tels que Raphaël, Titien, Paul Véronèse, Salvator Rosa, Albert Durer, Rubens, Van Dyck, etc.

Apsley house, dans Hyde Park corner, bâti par le grand chancelier Apsley, est aujourd'hui la résidence du duc de Wellington,

Apsley house.

Après cette revue des édifices consacrés à des résidences particulières, nous passons maintenant aux monuments qui ont plutôt un caractère public.

MONUMENTS PUBLICS.

GRANDE SALLE DE WESTMINSTER (*Westminster hall*), New Palace yard. — Voici de la grande, de la belle architecture gothique, pleine d'audace et d'originalité. La construction de ce monument remonte à la fin du XIIIe siècle. C'est Richard II qui le fit élever sur l'emplacement de la grande salle que Guillaume le Roux avait bâtie en 1097 pour servir d'appendice à son inmense palais. Dans cette salle, Henri III avait donné, en 1236, une fête à plus de six mille personnes, à l'occasion du couronnement d'Éléonore, sa

Westminster hall.

femme. Richard II inaugura la salle nouvelle en 1398 en offrant à la noblesse un banquet auquel assistèrent plus de dix mille personnes.

PALAIS DE WESTMINSTER ou *nouvelles Chambres du parlement* (Old Palace yard). — Nous n'avons pas besoin de décrire ce qu'était le palais des Chambres du parlement avant l'incendie de 1834, qui l'a détruit presque

House of parliament Westminster.

entièrement. Nous nous bornerons à une description sommaire de ce monument tel qu'il est aujourd'hui. La façade qui s'élève sur le bord de la rivière présente une longueur de 300 mètres; les pierres en sont ciselées et fouillées avec beaucoup d'art. L'édifice entier couvre une surface de neuf arpents, en y comprenant les onze cours qu'on a ménagées dans l'intérieur. C'est un des monuments les plus gigantesques que l'art moderne ait produits. Les salles de St. Stephen et *Victoria hall* doivent être, quand les peintures seront achevées, deux des merveilles de Londres. C'est dans Westminster que se tiennent les séances de la chambre des Lords et de la chambre des Communes.

TOUR DE LONDRES (*Tower of London*). — Ce monument est un des plus curieux et des plus anciens qu'on puisse voir à Londres. On en fait remonter la première construction à Guillaume le Conquérant, c'est-à-dire au XIe siècle. Située sur la rive nord de la Tamise, à l'extrémité de la Cité, cette immense forteresse couvre douze arpents de terrain; son circuit intérieur

The Tower of London.

n'a pas moins de trois mille cent cinquante-six pieds de circonférence; elle est entourée d'un fossé qui reçoit ses eaux de la Tamise. Elle a quatre entrées; ses portes sont ouvertes tous les matins et fermées tous les soirs, avec les formalités militaires en usage dans les places de guerre. Le grand mur, en briques, est armé de canons qui commandent toutes les avenues de la Tour. Outre les ponts-levis qui séparent la forteresse de la terrasse, il y a une entrée qu'on appelle la *porte des Traîtres*, parce que c'était par là qu'autrefois on faisait entrer les prisonniers d'État.

La Tour a servi longtemps de résidence royale; les appartements occupaient le principal donjon; ils étaient entourés et fortifiés par treize petites tours, qui subsistent encore presque toutes.

LE MONUMENT ou LA COLONNE DE LONDRES (*the Monument*), Fish street hill. — Christophe Wren, l'architecte à qui l'on doit la reconstruction de presque toute la nouvelle ville de Londres, après l'incendie de 1666, a été aussi chargé d'élever ce monument national, destiné à rappeler le souvenir de ce désastre. Cette colonne, cannelée et d'ordre dorique, a deux cent deux pieds de hauteur totale. Le piédestal seul est élevé de quarante pieds; le diamètre du fût est de quinze pieds. Elle a soixante pieds de plus que la colonne Vendôme. On eut tant de peine à se procurer des pierres de Portland d'une assez grande dimension, qu'il ne fallut pas moins de six ans pour achever le travail.

La colonne est creuse, elle contient un grand escalier de marbre noir, de

The Monument.

345 marches, qui conduit au chapiteau; au milieu du chapiteau s'élève un cippe de 32 pieds, surmonté d'une urne en bronze doré de 40 pieds de haut, vomissant des flammes.

COLONNE DU DUC D'YORK, place Waterloo, au bas de Regent street. — Ce

Duke of York's column.

monument, en granit rouge, est élevé de 150 pieds; un escalier en spirale conduit à la statue.

COLONNE DE NELSON (*Nelson monument*), Trafalgar square. — Cette colonne, cannelée et construite en granit, est couronnée d'un très-beau chapiteau corinthien. Surmontée d'une statue colossale de 18 pieds, en métal de canons, elle a au total 176 pieds 6 pouces de haut. Le piédestal, orné d'un lion couché à chaque angle, représente en relief les batailles d'Aboukir, de Saint-Vincent, de Copenhague et de Trafalgar. (*Voir la vignette page 160*.)

STATUE DE GUILLAUME IV (*statue of William IV*). — Cette statue colossale

Statue of William IV.

se voit à l'extrémité nord du pont de Londres, King William street; elle est de granit et a 40 pieds de hauteur, y compris son piédestal.

CHARING CROSS. — C'est une place qui porte ce nom de *Croix de Charing*. Primitivement, Edouard Ier avait fait élever à cet endroit, alors le village de Charing, une croix en l'honneur de sa femme Éléonore. La croix, détruite sous Charles Ier, fut remplacée par une statue équestre de ce prince, coulée en bronze, par Lesueur, artiste français. Pendant la révolution, le Parlement la vendit à John River, chaudronnier, en lui ordonnant de la fondre; mais celui-ci pensa qu'il y aurait plus de bénéfice pour lui à la garder, et il la tint enterrée jusqu'à la restauration, où elle fut retrouvée chez lui, replacée dans Charing Cross, sur un piédestal sculpté par Gibbons et orné de trophées. (*Voyez la vignette Trafalgar square, p. 160*.)

HÔTEL DE LA COMPAGNIE DES INDES ORIENTALES (*East India house*), Leadenhall street, City. — On sait quel rôle joue cette puissante compagnie dans les affaires de l'Angleterre et du monde. On ne s'étonnera donc pas que son

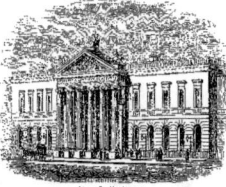

East India house.

hôtel, où sont situés ses principaux bureaux, soit un véritable monument public.

La Bourse (*the royal Exchange*), Cornhill. — Ce n'est qu'en 1566 que fut construite la première Bourse de Londres. Incendiée dans l'horrible désastre de 1666, elle fut remplacée en 1669 par un édifice très-remarquable, qui fut

New royal Exchange.

Bank.

lui-même la proie des flammes en 1838. Sur le terrain qu'il occupait fut élevée la Bourse monumentale qu'on admire aujourd'hui, et dont la première pierre a été posée par S. A. R. le prince Albert, le 17 janvier 1842. Ce bâtiment, construit tout entier en pierres, a été achevé en moins de trois ans.

Banque d'Angleterre. — Ce vaste monument, qui occupe une surface irrégulière de huit arpents, est isolé presque vis-à-vis de Mansion house, ou plutôt dans Threadneedle street. L'architecture en est conforme à la nature de l'établissement, c'est-à-dire que l'opulence, la force et la sécurité y sont réunies.

Derrière la Banque d'Angleterre, dans Lothbury, se trouve la *Banque de Londres et de Westminster*, édifice élégant, construit dans le genre italien. L'intérieur est décoré avec infiniment de goût. (*Voyez* la gravure, p. 147.)

Le Change (*Stock Exchange*), Cassel Court, vis-à-vis la Poste, à l'est de la Banque. — Cet établissement offre à peu près la même physionomie que l'intérieur de notre Bourse, sous le rapport du bruit, de l'activité et du mouvement. C'est là que se traitent les affaires relatives à l'achat des actions de la Banque et du Trésor, des obligations ou des effets des Indes. Le Change n'est ouvert que de dix heures à quatre heures. Les étrangers n'y sont pas admis.

Guildhall, ou l'*Hôtel de Ville*, King street, Cheapside. — Il est difficile de voir un monument plus hybride que celui-là; on y retrouve les archi-

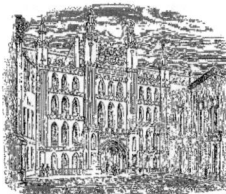

Guild hall.

tectures les plus diverses et les plus dissemblables : la grecque, la gothique, la byzantine, la mauresque. Le porche conduit à la grande salle, laquelle a 153 pieds de hauteur sur 48 de largeur et 55 de haut. C'est là que se font les

élections de la Cité. Là aussi se tiennent les cours et les assemblées de diverses corporations, et se donnent les grandes fêtes de la Cité. Le lord-maire y reçut le prince régent et les souverains alliés en 1814. La fête qu'il leur donna coûta 20,000 livres sterling (300,000 francs). Le 9 novembre 1837, la Cité y donna un magnifique banquet à la reine Victoria. — En descendant de la salle, on voit sous les arcades plusieurs statues et groupes assez médiocres.

Temple Bar, entre Fleet street et le Strand. — Bâtie en 1670 par Christophe Wren, cette porte est tout ce qui reste des anciennes limites de la Cité. Elle se compose d'une large et lourde arcade de style rustique surmontée d'un portique orné de colonnes corinthiennes. De chaque côté sont de petites portes latérales pour les piétons. Dans la partie supérieure, on

Saint Dunstan et Temple Bar.

voit quatre niches dans lesquelles sont les statues de la reine Élisabeth, de Jacques Ier, de Charles Ier et de Charles II, en costumes romains. Au milieu, sur la clef de voûte, les armes d'Angleterre se détachent en relief. C'est là que, dans les occasions solennelles, la corporation de Londres vient recevoir la famille royale, les édits du roi apportés par le héraut, et les personnages d'un haut rang qui viennent visiter la cité.

Quadrant. — On appelle ainsi la vaste et belle rue qui est au commence-

The Quadrant, Regent street.

ment de Regent street. Les deux séries de maisons monumentales qui la bordent offrent un coup d'œil magnifique.

Somerset house, Strand. — Ce palais fut démoli en 1775, et, d'après les plans de sir Williams Chambers, on bâtit, sur les mêmes terrains, le Somerset

View of Somerset house, and the river Thames.

house actuel, où sont réunies plusieurs administrations publiques, celles du timbre, des taxes de commerce maritime, des domaines de la couronne, des vivres, du sceau royal et du sceau particulier, etc., etc.

La Trésorerie (*the Treasury*), Saint-James's Park. — Cet édifice, attenant à Horse Guards, est lourd et massif comme les hommes qui le traversent tous les jours. Il y entre et il en sort près de 65 millions de livres st.

4

(1625 millions de francs) par semaine. La façade a trois étages, et est surmontée d'un fronton; la portion des bâtiments qui se trouve vis-à-vis de

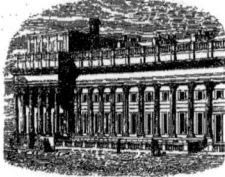

Treasury.

Whitehall, est un reste de l'ancien palais de Whitehall, bâti par le cardinal Wolsey; mais elle a été restaurée et notablement modifiée sous Charles II et en 1846.

l'Amirauté (*Admiralty office*), Whitehall. — Cet immense bâtiment, construit moitié en briques et moitié en pierres, se compose d'un corps de

The Admiralty.

logis et de deux ailes, le tout excessivement lourd, malgré les embellissements qu'y ont faits MM. Adams. C'est là qu'est toute l'administration supérieure de la marine militaire des trois royaumes.

PLACES OU SQUARES.

Les squares de Londres sont en général assez vastes. Au milieu se trouve une pelouse de gazon ou un jardin planté d'arbres et de fleurs et entouré d'une grille dont tous les habitants des maisons voisines ont une clef. Les squares contribuent beaucoup à rafraîchir et à assainir l'air de la ville, qui autrement serait excessivement malsain, en raison de l'humidité, des brouillards et de la fumée de charbon de terre.

Nous nous bornerons à décrire les deux principaux :

Place de Trafalgar (Trafalgar square), Charing Cross. — L'étendue de cette place, la plus belle de Londres, est d'environ six acres; elle présente une particularité rare dans la métropole, deux fontaines ; elle est décorée d'une balustrade en granit et de groupes sculptés. Le côté nord est occupé par la nouvelle Galerie nationale; le côté sud par l'hôtel du duc de Nor-

National Gallery.   TRAFALGAR SQUARE.   Nelson Monument.

thumberland et les maisons qui l'avoisinent; du même côté, dans l'angle, l'église Saint-Martin-des-Champs; à l'ouest sont les collège de médecins et le club de l'Union; à l'est, de grandes et belles maisons nouvellement construites, et distribuées à l'instar des habitations parisiennes. C'est là que se trouve le monument élevé à la mémoire de Nelson.

Place de Leicester (Leicester square), entre St. Martin's lane et Haymarket. — Cette place doit son nom à l'hôtel des comtes de Leicester. C'est

dans cette maison que se trouve aujourd'hui l'intéressante galerie des tableaux de miss Linwood. Au centre du square il y avait une statue de

Leicester square (M. Wyld's cupola.)

Georges 1er, en bronze doré. Les terrains occupés par ce monument ont été loués par M. Wyld, qui vient d'y faire construire une salle colossale et circulaire, surmontée d'un dôme, dans lequel il fait voir le système de l'Univers sur un globe d'une dimension gigantesque.

MUSÉES ET COLLÈGES.

Musée britannique (the British Museum), dans Great-Russell street, Bloomsbury. C'est l'un des plus beaux établissements de ce genre qui existent en Europe. Il a été créé en 1753, par sir Hans Sloane, qui légua à la nation sa riche bibliothèque, et il a été successivement augmenté de trésors inestimables. Le catalogue complet forme près de quarante volumes in-folio

British Museum.

et in-4°. Le nombre des volumes de la bibliothèque s'élève à 300,000; la collection des manuscrits est surtout fort remarquable.

Au rez-de-chaussée est la *Galerie des antiques*, qui renferme des monuments d'une valeur inappréciable. Nous citerons spécialement la collection connue sous le nom de *marbres d'Elgin*, achetée par l'ambassadeur de ce nom, et dont les dessins sont attribués au célèbre sculpteur athénien Phidias. Outre la bibliothèque et le musée des antiques, cet établissement contient un cabinet d'histoire naturelle, une collection de médailles et de monnaies, un cabinet de gravures et d'estampes, etc.

Le musée est ouvert au public les lundis, mercredis et vendredis, de dix heures à quatre heures. Les catalogues particuliers coûtent depuis 1 jusqu'à 3 shillings.

Société et Jardin de Zoologie (Zoological Society and Gardens), dans Leicester square et Regent's Park. — Les jardins botaniques et la ménagerie sont curieux, quoique bien inférieurs au Jardin des Plantes de Paris. Le prix d'entrée est de 1 shilling, après avoir demandé une permission à l'un des membres de la Société. Mais ce permis s'obtient chez les principaux libraires.

Collège de l'Université de Londres (London University College), dans

University College.

Gower street, Bedford square. Bel édifice qui mérite d'être visité. Le programme des études de l'Université est très-étendu.

École des habits bleus (Blue coat School), ou *Hôpital du Christ* (Christ's hospital), dans Newgate street. Son nom vulgaire est tiré de la couleur de

Christ's Hospital.

l'habillement des enfants qui y sont élevés. Cette belle institution, destinée aux orphelins et aux enfants pauvres, a été fondée par le roi Édouard VI. (Voy. le chap. suivant consacré aux *établissements de bienfaisance*.)

MONUMENTS RELIGIEUX ET DE CHARITÉ.

Il y a à Londres plus de huit cents églises et chapelles. On en a bâti ou consacré, dans la seule année 1850, plus de cent vingt-cinq. Quelques-unes seulement offrent de l'intérêt sous le rapport de l'art ; nous ne décrirons que celles-là ; quant aux autres, nous nous bornerons à indiquer seulement les deux principales.

CATHÉDRALE DE SAINT-PAUL (*St. Paul's cathedral*). — Cette cathédrale, qui est, après la basilique de Saint-Pierre de Rome, l'un des plus beaux monuments de ce genre, a été construite en 1675, par l'architecte Christophe Wren, sur les fondations de l'église brûlée dans le grand incendie de 1666. Les tra-

Saint Paul's Cathedral.

vaux durèrent trente-cinq ans et coûtèrent 1,500,000 liv. st. (34,500,000 fr.), qui furent payés au moyen d'un léger impôt sur le charbon. L'aspect de ce monument, qui est entouré d'une grille magnifique, est d'un effet grandiose. Au sommet du portique principal sont des statues colossales représentant saint Paul et les évangélistes. Il y a trois entrées dont les escaliers sont en marbre noir. Vis-à-vis le grand portique est la statue de la reine Anne. L'église est en forme de croix et elle est surmontée d'un dôme immense, entouré de colonnes, au sommet duquel est une lanterne élégante qui supporte un globe et une croix en cuivre doré.

ABBAYE DE WESTMINSTER (*Westminster abbey*). — Fondée vers l'année 604 de l'ère vulgaire, elle a été augmentée et restaurée par les soins de tous les souverains de l'Angleterre. C'est un monument national qui rappelle de glorieux souvenirs et qui renferme les tombeaux des plus illustres personnages de la Grande-Bretagne. Son architecture est imposante et l'intérieur est d'une grande magnificence ; on remarque surtout les vitraux et le pavé en mosaïque du chœur, où a lieu le couronnement des rois et des reines d'Angleterre. Les sept chapelles qui entourent l'église sont encombrées de tombeaux, de statues, d'objets d'art d'un prix inestimable et qui tous ont une grande valeur historique. Westminster est à la fois une cathédrale et un musée. On comprend que les limites de cet ouvrage ne nous permettent pas de donner le catalogue complet des monuments de l'église collégiale de Saint-Pierre (c'est le nom qu'on donne très-souvent à cette abbaye) ; nous nous bornerons à signaler les plus curieux.

Dans la chapelle de Henri VII (*Henry the Seventh's chapel*), l'un des plus beaux monuments de l'architecture gothique, on remarque le tombeau du roi fondateur, exécuté en marbre noir par le célèbre sculpteur florentin Pietro Torregiano. L'aile du sud contient les tombeaux de Marie, reine d'Écosse, de Charles II, du célèbre général Monk, etc.; celle du nord, les monuments de la reine Élisabeth, de Jacques Ier, de lord Halifax. C'est dans la nef de cette chapelle que sont armés les chevaliers de l'ordre du Bain, dont on voit les armoiries. Au-dessous est un caveau qui renferme les tombeaux de George II, du célèbre duc de Buckingham, favori de Jacques Ier et de Charles Ier, et celui du duc de Montpensier, frère du roi Louis-Philippe.

La chapelle de Saint-Paul renferme une statue élevée à la mémoire de l'illustre ingénieur James Watt, l'un des inventeurs des machines à vapeur, et due au ciseau de Chantrey. Dans celle d'Édouard le Confesseur ou des Rois, on remarque la châsse de saint Édouard, les tombeaux de Henri III et de Henri V, le casque et le bouclier d'Édouard III, les armes que portait, dit-on, Henri V à la bataille d'Azincourt, et les deux fauteuils qui servent au couronnement des souverains d'Angleterre.

Une partie de l'aile méridionale de l'abbaye se nomme le Coin des Poëtes (*the Poets's corner*). Là reposent les cendres des grands hommes dont s'ho-

Henry VII's the chapel Westminster.

nore la littérature anglaise, depuis ce grand génie qu'on appelle Shakspeare jusqu'à son illustre interprète le comédien Garrick.

Ce nouveau *Guide à Londres* étant fait spécialement pour les voyageurs français, nous indiquerons les chapelles catholiques romaines et protestantes. Les chapelles des catholiques romains, de Moorfields et de Spanish place, Manchester square (Mary's St. chapel et Spanish chapel) méritent d'être visitées. La musique qu'on y exécute les dimanches et jours de fête est excellente. Les étrangers doivent donner une gratification au gardien. La chapelle française est située *Little George street*, *Portman square*.

Églises et chapelles protestantes françaises : Austin friars, St. Jame's palace (même local que la chapelle hollandaise), Clement's lane, Lombard street, Little Dean street, Martin's lane, Cannon street, St. John's street, Brick lane, St. Martin's-le-Grand, etc.

Hôpital de Bethléem (Bethlem Hospital), à Lambeth, dans George's-Fields. Il contient près de 500 aliénés. Ce bel établissement, construit en 1812, sur les dessins de M. Lewis, a, dans la salle principale, deux statues

Bethlem Hospital.

célèbres, connues sous le nom de la Folie furieuse et la Folie mélancolique, et dues au ciseau de C. Cibber, père du poëte de ce nom. On visite l'établissement avec une permission du gouverneur.

École des Aveugles indigents (School for the indigent Blinds), près de l'Obélisque. Ces enfants, qui doivent avoir au moins 12 ans, sont admis gra-

School for the indigent Blinds.

tuitement à l'apprentissage des divers métiers ; ils sont rendus à leur famille dès qu'ils sont en état de gagner leur vie.

CASERNES ET PRISONS.

CASERNES. — Le principal édifice de ce genre est l'hôtel des gardes à cheval, ou gardes du corps (*horse guards*), Whitehall, près du parc de Saint-James. Il a été construit en 1750. C'est à cet hôtel, à cette caserne que les gardes à cheval, gardes du corps de la reine, montent la garde. En avant de l'édifice, dans la rue, on voit constamment en faction, dans les deux guérites en pierre, deux gardes à cheval en grand uniforme.

Horse Guards.

L'hôtel, composé d'un bâtiment à deux ailes, construit par Ware, en 1750, est en pierres. Au centre est un passage voûté qui mène au parc de Saint-James. Malgré l'immense population de Londres, on y caserne peu de troupes régulières.

Pendant la durée de l'Exposition, et par suite de craintes sans doute exagérées, mais que motive cette agglomération d'individus de toutes les nations, qui sera cet été au milieu de Londres, le Cabinet anglais, outre l'augmentation de la police du pays et des agents étrangers, a réuni dans la capitale et aux environs plusieurs régiments. La garnison de la Tour de Londres doit recevoir une augmentation de quatre cents carabiniers.

Prison de Newgate, dans Old Bailey street. Cet édifice, dont les annales de Londres font mention dès l'année 1208, fut complétement détruit dans le grand incendie de 1666; reconstruit sur l'ancien plan, il fut presque entièrement saccagé pendant la terrible émeute de 1780. Cette prison, d'un aspect sinistre, évoque de sanglants souvenirs; un grand nombre de roman-

Newgate.

ciers, entre autres Walter Scott et Charles Dickens, y ont placé plusieurs scènes de leurs compositions. La population y est de plus de 400 hommes et femmes, elle se compose de prévenus, de malfaiteurs, d'enfants détenus au-dessous de quinze ans, et l'on y enferme les condamnés à mort. Pour visiter cette prison, ainsi que les autres établissements de ce genre, il faut demander une permission aux sheriffs ou à tout autre magistrat; on l'obtient sans difficulté.

CHAPITRE IV.

Promenades. — Théâtres. — Curiosités. — Concerts et bal. — Clubs.

PARCS ET JARDINS.

La ville de Londres a sur Paris, entre autres avantages, celui de posséder un grand nombre de jardins publics et privés, qui animent cet immense panorama qu'on aperçoit du haut de la cathédrale Saint-Paul. Les palais, les églises, etc., sont presque tous entourés de jardins. Nous allons indiquer les principaux lieux de promenade.

JARDINS DU PALAIS DE KENSINGTON (*Kensington Palace*). — C'est le rendez-vous de la haute société. On y entre par la route d'Uxbridge, par Hyde Park et par une porte située près du palais.

PARC DE SAINT-JAMES (*St. James's Park*), Pall Mall. — Il fait partie de la résidence royale et a été commencé sous le règne de Henri III. Le célèbre Le Nôtre, qui a dessiné le parc de Versailles, y apporta plus tard de nouvelles améliorations. Le canal a 2,800 pieds de longueur et 100 de largeur. Tous les jours, entre dix et onze heures du matin, on peut assister aux manœuvres de la garde montante (les gardes à pied) du palais de Saint-James. Les étrangers regardent avec curiosité, près du champ de manœuvre, trois pièces à feu, dont l'une est un canon pris, dit-on, à Waterloo, et l'autre un

mortier monstre fondu par les ordres du maréchal Soult et qui fut employé au siége de Cadix.

LE PARC VERT (*Green Park*), à l'extrémité nord du parc de Saint-James. — Promenade magnifique où l'on admire un bassin alimenté par une machine hydraulique. À l'extrémité nord-ouest est un arc de triomphe, construit par un architecte distingué, M. Nash, qui conduit à Hyde Park.

HYDE PARK. — Ce jardin royal est rempli de promeneurs, le dimanche surtout, entre deux et cinq heures de l'après-midi. Les voitures bourgeoises seules peuvent y circuler. Des plantations magnifiques, une grande pièce d'eau, etc., en font un endroit délicieux. Près de la porte qui donne dans Piccadilly est la statue en bronze élevée en 1822 en l'honneur du duc de Wellington par la souscription nationale des dames de Londres. Cette statue, coulée par M. Westmacott, représente Achille sous les traits du duc; elle a près de 18 pieds de haut; le piédestal a environ 36 pieds de hauteur.

PARC DU RÉGENT (*Regent's Park*), entre New road et Hampstead. — Nous ne possédons en France aucune promenade de ce genre. C'est une véritable ville, coupée et entourée de jardins, pour laquelle il faudrait un itinéraire spécial. Qu'il nous suffise de dire qu'on y trouve, indépendamment de promenades magnifiques, huit belles maisons de campagne, des monuments publics, des terrasses couvertes d'élégantes constructions, parmi

Cumberland Terrace.

lesquelles on distingue surtout le magnifique édifice connu sous le nom de *Cumberland Terrace* : c'est un des endroits les plus curieux à visiter dans Londres.

Jardin du Vauxhall (Vauxhall garden), Lambeth. Ce jardin représente à Londres l'ancien Tivoli de Paris. On y trouve des divertissements de tous genres : spectacles, bals, concerts, etc. Il est ouvert cinq fois par semaine, à sept heures du soir. Le prix ordinaire est 1 sh.

Jardins de Crémorne (Cremorne gardens), à l'extrémité ouest de King's road, Chelsea, 4 milles de Regent street. Vaste jardin; belle pelouse pour les danseurs. Ce lieu d'agrément renferme bal, jeux, concerts, etc.

Il existe à Londres beaucoup d'autres jardins publics de ce genre; la plupart appartiennent à des tavernes. On comprend que nous ne pouvons en donner la liste. Nous n'indiquerons pas non plus les endroits où ont lieu les boxes, les combats de coqs (*cocks fighting*), d'animaux, de tir aux pigeons (*pigeons shooting*). Le nombre de ces établissements se multipliera pendant la durée de l'Exposition, et les curieux trouveront d'ailleurs tous les renseignements nécessaires dans les journaux et les affiches, dont est si prodigue l'Angleterre, le pays qui comprend le mieux et à bon marché la grande publicité.

THÉÂTRES.

À tort ou à raison, Londres passe pour la ville *puritaine* par excellence; on y trouve cependant un grand nombre d'endroits consacrés au plaisir, et la spéculation britannique ne manquera pas de les augmenter pendant la durée de l'Exposition. Nous donnons ici la liste des principaux théâtres, avec le prix des places. Mais nous ferons observer qu'en Angleterre les entreprises dramatiques étant complétement libres, chaque directeur a droit d'augmenter ou de baisser le prix de l'entrée, suivant son intérêt.

Théâtre de la Reine (Her Majesty's theatre), ou Opéra Italien, dans Haymarket. — Salle magnifique qui contient plus de 2,500 personnes et qui est le rendez-vous de l'élite de la haute société. La troupe est composée des pre-

Her Majesty's Theatre.

miers sujets des théâtres de l'Europe. On y exécute des opéras italiens et des ballets. Les représentations ont lieu les mardis, jeudis, à huit heures, et les samedis, à sept heures et demie. Les hommes ne sont admis qu'*en habit noir.* Voici le prix ordinaire des places : Parterre, 8 shillings 6 pence ; stalles d'orchestre, 24 shillings ; galerie, 3 shillings 6 pence ; stalles de galerie, 5 shillings. On peut louer des loges pour la saison, ou pour la soirée seulement, chez de certains libraires et marchands de musique, où l'on trouve toujours des billets à 8 shillings 6 pence, au lieu de 10 shillings 6 pence, pour le parterre. On peut également, au bureau de la location des loges de la plupart des théâtres, s'assurer d'avance de certaines places, mais il faut payer un shilling *extra* par place, qui est alors garantie jusqu'à la fin du premier acte. Les entrées personnelles, qui ne peuvent pas se transmettre et qui donnent droit d'être admis dans toutes les parties de la salle, sont obtenues pour la saison à ce même bureau. Les dames sont reçues au parterre, mais elles doivent être en toilette de bal, c'est-à-dire coiffées en cheveux ou en bonnet d'habillé.

Théâtre de Covent Garden (Covent Garden theatre), dans Bow street. — Ce théâtre, primitivement consacré au drame et à la comédie, ainsi que l'indiquent les figures allégoriques placées dans les niches de la façade, et la statue de Shakespeare qu'on voit dans la pièce d'entrée, est aujourd'hui exclusivement voué à l'opéra italien. Organisé en société, et dirigé par Mario et Giulia Grisi, s'assure non-seulement des œuvres des maîtres italiens, mais encore et surtout des ouvrages du répertoire du Grand-Opéra français, traduits en langue italienne. C'est là que vont chanter les artistes éminents de l'Opéra français, Massol, Mme Viardot et autres. — La salle, aussi grande que celle du *théâtre de la Reine*, est très-richement décorée. L'habit noir et la cravate unie pour les hommes, la toilette de soirée pour les dames, sont là aussi de rigueur. Le spectacle a lieu les mêmes jours et commence aux mêmes heures qu'au théâtre de la Reine. Les prix des places sont : au parterre, de 8 sh. ; — aux stalles, de 4 guinée ; — au premier amphithéâtre, de 8 à 14 sh. ; — au deuxième amphithéâtre, de 7 à 13 sh. ; — à la galerie supérieure, de 5 sh.

Théâtre de Drury lane (Drury lane theatre), dans Bridge street, Covent Garden. — Salle élégante et commode. Près de 3,000 places. On y joue les drames de Shakspeare, le répertoire ancien et moderne, des opéras, etc. On commence à sept heures. Les prix ordinaires sont : Loges, 5 sh. ; parterre, 3 sh. ; première galerie, 4 sh. et 6 pence, et seconde galerie 4 sh. Second prix après neuf heures : Loges, 2 sh. 6 pence ; parterre, 2 sh. ; première galerie, 4 sh., et seconde galerie, 6 pence. Le bureau de la location des loges est ouvert de dix à quatre heures.

Théâtre de Haymarket (Haymarket theatre), Haymarket. — Même genre que dans le théâtre précédent. On commence à sept heures. Le prix des loges est de 5 sh. ; le parterre, 3 sh. ; première galerie, 2 sh. ; seconde, 1 sh. ; et le second prix, qui commence à neuf heures, est : Loges, 3 sh. ; parterre, 2 sh. ; première galerie, 4 sh., et seconde galerie, 6 pence.

Théâtre de la Princesse (Princess's theatre), Oxford street, vis-à-vis le Panthéon. — Ce théâtre, élégamment décoré et qui passe pour un des plus confortables de l'Europe, peut contenir 2,000 personnes ; on y joue à peu près tous les genres. Le spectacle commence à sept heures. Prix des places : Galerie, 5 sh. ; loges, 4 sh. ; parterre, 2 sh. ; amphithéâtre, 4 sh.

Opéra anglais, ou Lycée (English opera, or Lyceum), dans Wellington street. — L'entrée du parterre est par le Strand. Ce théâtre a été d'abord consacré à l'opéra, puis au vaudeville ; aujourd'hui on y donne des concerts fort suivis. Prix ordinaire, 4 sh. (4 fr. 25 c.).

Théâtre du Prince, ou de Saint-James, dans King street, St. James. — Il est ordinairement occupé par des troupes étrangères et principalement par l'élite des acteurs français. Un grand nombre d'artistes distingués de la Comédie Française sont engagés pour y donner des représentations cet été. Prix ordinaire d'entrée : Loges et stalles, 10 sh. ; parterre, 3 sh. et 6 pence ; première galerie, 3 sh., et seconde galerie, 2 sh. Les portes s'ouvrent à sept heures et le rideau se lève à sept heures et demie.

Théâtre Adelphi (the Adelphi theatre), dans le Strand. — On y donne des pièces comiques, des ballets, des pantomimes, qui attirent toujours la foule. C'est celui des théâtres du second ordre qui est le plus et le mieux fréquenté. Il ouvre à six heures et demie et l'on commence à sept heures. Prix des places : Loges, 4 sh. ; parterre, 2 sh. ; et galerie 4 sh. ; — second prix à neuf heures moins.

Théâtre Surrey, ou Cirque royal (Surrey theatre, or royal Circus), dans Blackfriars road. — Ainsi que son deuxième nom l'indique, on y voyait autrefois les plus remarquables de Franconi. C'est tout à la fois un cirque et un théâtre. Près de 4,000 places. Les portes ouvrent à six heures et l'on commence à six heures et demie. Prix ordinaires : Loges, 4 sh. ; second cercle, 3 sh. ; parterre, 2 sh. ; galerie, 4 sh., et seconde galerie 6 pence. Demi-place après huit heures.

Théâtre de la Cité de Londres (Royal City of London theatre), Norton Folgate, Bishopsgate. — Mélodrames et vaudevilles. Les portes ouvrent à six heures et le rideau lève à six heures et demie. Prix : Loges, 2 shillings ; parterre, 4 sh., 6 pence ; il n'y a de demi-prix que pour les loges.

Amphithéâtre d'Astley ou de Batty (Batty's new royal amphitheatre), Westminster bridge road. — Fondé en 1767 par le célèbre écuyer Astley, l'un des rivaux les plus remarquables de Franconi. C'est tout à la fois un cirque et un théâtre. Près de 4,000 places. Les portes ouvrent à six heures et l'on commence à six heures et demie. Prix : Loges, premier cercle, 4 sh ; second cercle, 3 sh. ; parterre, 2 sh. ; galerie, 4 sh., et seconde galerie 6 pence. Demi-prix après six heures.

Théâtre de la Reine, ou de l'Ouest (the Queen's theatre, or West London theatre), Tottenham street, Tottenham court road. — Des acteurs français y donnent assez souvent des représentations. Même genre et mêmes prix que les théâtres secondaires.

Théâtre royal de Victoria (the royal Victoria theatre), Waterloo bridge road. — Théâtre secondaire. Le prix des loges est de 2 sh. ; le parterre, 4 sh. Lever de la toile à six heures et demie.

Théâtre Sadler (Sadler's Wells theatre), dans St. John street road. — Mélodrames, pantomimes comiques, ballets. Lever de la toile à six heures et demie. Loges : 2 sh. ; parterre, 4 sh. ; galerie, 6 pence.

Théâtre de Marie-le-Bone (Marylebone theatre), dans Church street, à Paddington. — Répertoire des théâtres secondaires. La salle peut contenir plus de 2,000 personnes. On commence à six heures et demie. Prix : Premières loges, 3 et 4 sh. ; secondes, 2 sh. ; parterre, 4 sh., et galerie, 6 pence.

Théâtre du Strand (Strand theatre), vis-à-vis l'église Ste-Marie-le-Strand. — Les pièces qu'on y joue sont des bouffonneries et des ballets ; mais le plus souvent la salle est louée à des troupes ambulantes de tout genre.

Théâtre Olympique (new royal Olympic theatre), dans Wych street, Drury lane. — Répertoire des théâtres secondaires. On commence à sept heures. Prix : Loges, 3 sh. ; parterre, 4 sh. et 6 pence, et galerie 6 pence. Second prix à neuf heures : Loges, 4 sh. et 6 pence ; galerie, 4 sh.

Théâtre du Pavillon (royal Pavilion theatre), dans Whitechapel road. — Mélodrame, ballets, etc. Même prix que dans les autres théâtres secondaires.

Théâtre de Garrick, dans Leman street, Goodman's fields. — Même prix que dans les salles de spectacle précitées. On y joue quelquefois des pièces de Shakspeare.

L'Hippodrome, près des jardins de Kensington, sur la route de Bayswater. — Des courses ont lieu dans ce bel établissement trois fois par mois dans la saison. Le prix d'entrée est de 4 à 5 sh.

CURIOSITÉS.

The Colosseum (le Colysée), dans Regent's Park. — Édifice gigantesque qui contient des objets d'art, des jardins pittoresques, etc., et le panorama de Paris, qui a succédé à celui de Londres. La toile qui forme ce panorama

The Colosseum.

a près de 16,000 pieds carrés anglais. On peut le voir très-commodément au moyen d'une machine qui élève et descend les curieux de galeries en galeries. Ce bel établissement est le rendez-vous de la bonne société. Le prix ordinaire pour voir le panorama seulement est de 2 sh. Le Colosseum est ouvert tous les jours, de dix heures jusqu'à la nuit.

Diorama, dans Regent's Park, New road. — Nous n'avons pas besoin d'indiquer le genre de ce spectacle, qui a rendu si célèbres les noms de Daguerre et de Bouton. Prix ordinaire d'entrée : 2 et 3 sh.

Collection d'objets divers apportés de la Chine (the Chinese collection), dans St. George's Place, Hyde Park corner. — Fort curieux. Prix d'entrée : 2 sh. 6 pence par personne ; 4 sh. pour les enfants.

Panoramas, l'un dit de *Burford*, dans Leicester square ; le second dans le Strand, n° 168. — Prix ordinaire d'entrée : 4 sh. 6 pence.

Cosmorama, dans Regent street, n° 209. — Spectacle curieux. Le prix d'entrée ordinaire 4 sh.

Galerie de madame Tussaud, 58, Baker street, Portman square. — C'est un magnifique salon de figures en cire, l'exposition de notre vieux Curtius, plus d'élégance et le bon goût. On y voit aussi un grand nombre d'objets qui ont appartenu à Napoléon. Le prix ordinaire est 4 sh. pour la première salle, et de 6 pence pour la seconde.

CONCERTS ET BALS.

Ils ont lieu ordinairement, par entreprise particulière, dans les principales salles publiques. Le prix est toujours indiqué dans les journaux.

Les plus belles salles de concert sont celles du Concert de la Reine (Queen's Concert rooms), dans Hanover square. Il y a aussi des bals et des concerts dans Freemason hall, Great-Queen street ; à la Crown and Anchor, Strand ; City of London Taverne, Bishopsgate street ; etc., etc.

Casino Laurent, dans Windmill street. — L'hiver, un orchestre assez brillant donne au Casino Laurent des soirées composées d'un concert et d'un bal, dans le genre de celles du Casino de Paris. Prix d'entrée : 4 sh. (4 fr. 25 c.) ; stalles réservées, 6 pence en sus. — L'été, cet orchestre fonctionne à *Cremorne Garden.*

CLUBS.

Les *clubs* de Londres, — que ce nom n'effraie pas nos lecteurs, — sont des lieux de réunion très-paisibles, dans le genre de nos *cercles* de province. On ne peut y être admis que sur la présentation d'un membre, et dans quelques-unes cette formalité n'est pas sans difficultés. Les plus célèbres sont ceux de l'*Université*, dans Suffolk street, Pall Mall ; — des *Voyageurs* (Traveller's club house) dans Pall Mall ; — de l'*Athénée*, dans Pall Mall, pour les artistes ; il a coûté, dit-on, plus d'un million ; — du *Service uni* (united service club house), dans Pall Mall ; — d'*Arthur*, dans St. James street ; — de la *Réforme* (the Reform club house), dans Pall Mall ; — le *Cercle anglais* (British club house), dans Cockspur street ; — celui des *Étrangers*, dans Regent street, etc..

Le nombre des clubs ou cercles s'élève à plus de quarante ; nous ne parlons que des principaux. Chaque corporation, chaque société a, en outre, un endroit de réunion. Nous ne pouvons cependant terminer ce chapitre sans faire mention du célèbre *Club des joueurs d'échecs* (Westminster chess club), dans le Strand. Là existe réellement la lutte du nom français, quand on prononce le nom glorieux des héros de notre café de la Régence, ces maîtres redoutables dans les profondes combinaisons de l'échec au roi, les Philidor, les Saint-Amand, et cet invincible Deschapelles qui depuis... *mais il aimait trop le wisth*.

CHAPITRE V.

Port. — Bassins. — Docks. — Ponts.

PORT DE LONDRES. — Il faut avoir visité Londres pour se rendre compte de l'effet que produit, à première vue, l'aspect de cet immense fleuve de la Tamise couvert de vaisseaux marchands de toutes les parties du globe. On comprend alors la supériorité réelle de l'Angleterre au point de vue commercial. Le port a près de quatre milles de longueur sur 250 toises environ ; il offre journellement le spectacle le plus pittoresque et le plus animé. Pour ne citer qu'un fait, le nombre des bateliers qui sillonnent sans relâche la Tamise s'élève à près de 8,000. Pour jouir complètement de cet admirable coup d'œil, l'étranger doit descendre la Tamise sur les bateaux à vapeur qui vont à Gravesend.

BASSINS (*docks*). — On compte cinq bassins principaux :

Bassins de Londres (London docks), à Wapping, ouverts au commerce en 1805. Ces deux bassins ont 29 pieds de profondeur, et peuvent recevoir 500 navires. Il y en a un troisième pour les petits bâtiments. Les quais qui les entourent sont couverts de magasins et d'entrepôts, dont le plus remarquable est celui du tabac (*Tobacco warehouse*), qui couvre une surface de quatre arpents, et sous lequel est un caveau de toute beauté, entrepôt des vins d'Espagne et de Portugal.

Bassins de Sainte-Catherine (Sainte-Katharine's docks), près de la Tour de Londres, au nombre de trois, plus un canal à écluses, de 486 pieds de longueur sur 45 de large. Ces bassins peuvent recevoir annuellement 1,400 vaisseaux marchands. Il y a sur les quais un embarcadère pour les bateaux à vapeur, et d'immenses magasins, construits la plupart sur pilotis.

Bassins de la Compagnie des Indes occidentales (West India docks), dans l'île des Chiens (isle of Dogs). Ce sont les plus beaux bassins de Londres ; ils ont été ouverts en 1802, et sont au nombre de cinq. Celui d'entrée et celui de sortie peuvent contenir 600 bâtiments de 2 à 300 tonneaux. Quatre quais immenses, couverts de vastes magasins, entourent l'établissement qui couvre près de 300 arpents.

Bassins de la Compagnie des Indes orientales (East India docks), à Blackwall, où l'on va en 40 minutes par le chemin de fer. Cet établissement, qui date de 1805, contient trois bassins dont l'étendue est de plus de 27 arpents. Le principal est le plus vaste de Londres. On admire le quai, dont la longueur est d'environ 700 pieds.

Bassins du Commerce (the Commercial docks), sur la rive sud de la Tamise, dans lesquels bassins reçoivent les bâtiments chargés de blés, de bois de charpente, etc.

On arrive de la Cité de Londres aux divers bassins, par la *route du Commerce* (Commercial road), qui a 70 pieds de large, et dont la chaussée n'a pas moins de 20 pieds.

PONTS. — *Nouveau pont de Londres* (new London bridge), commencé en 1825, sur les plans de l'ingénieur Rennie. Il se compose de cinq arches de forme elliptique ; celles qui sont à chaque extrémité passent au-dessus des rues qui longent les deux rives de la Tamise. L'arche du milieu a une ouverture de 150 pieds ; sa largeur est de 32. Les arches de chaque extrémité ont 130 pieds de largeur et 25 de hauteur. La longueur du pont est de 782 pieds, et sa plus grande largeur de 83. C'est un des plus beaux points de vue de Londres. (*Voir* la gravure en tête du chapitre I.)

Pont de Waterloo ou *du Strand* (Waterloo or Strand bridge) construit par l'ingénieur John Rennie, et livré pour la première fois à la circulation le 18 juin 1817. Ce pont, qui est uniformément plat, a 9 arches de 420 pieds d'ouverture sur 35 de hauteur, supportées par des piles énormes. Il est d'une solidité à toute épreuve, et c'est, dans ce genre, l'une des constructions les plus admirables de l'Europe. Comme il est à 50 pieds au-dessus de la Tamise, et qu'on jouit en même temps de la fraîcheur et d'une vue magnifique, c'est un rendez-vous de promenade pendant les soirées d'été.

Devant les loges des receveurs du péage est un tourniquet en fer qui ne laisse passer qu'une personne à la fois, et qui, en tournant, fait marcher l'aiguille d'un cadran, lequel indique au receveur le nombre des passants. Le prix ordinaire, pour les piétons, est 1 penny.

Pont de Blackfriars (Blackfriars bridge), dans une situation admirable. En se mettant au milieu, on aperçoit de chaque côté les principaux édifices

London bridge.

de la capitale. La première pierre a été posée en 1760, et les travaux ont été exécutés sous la direction de l'architecte Robert Myine.

Pont de Southwark (Southwark bridge), construit de 1814 à 1819, par l'ingénieur Rennie ; il a coûté près de 20 millions de francs. Les trois arches sont en fonte et d'une forme demi-circulaire ; celle du milieu a 240 pieds d'ouverture. Le péage est de 1 penny pour chaque piéton, et de 3 pour un cabriolet.

Pont de Hungerford (Hungerford suspension bridge). On admire beaucoup la hardiesse et l'élégance de ce beau pont, le seul pont suspendu qu'il

Hungerford suspension bridge.

y ait à Londres. Il est situé près du marché de Hungerford, dans le Strand, et l'on y va par des galeries qui entourent ce marché. Il est expressément réservé aux piétons, qui paient 1 penny de droit de passage.

Pont de Westminster (Westminster bridge), construit de 1739 à 1750, sous la direction d'un architecte français (d'autres disent suisse), nommé Labélye. C'est une construction fort remarquable sous le rapport de l'élégance et de la solidité.

TUNNEL DE LA TAMISE (the Thames tunnel). — C'est un passage sous la Tamise, qui sert de communication entre les deux quartiers les plus actifs de Londres, et dans un endroit où il serait impossible de construire un pont.

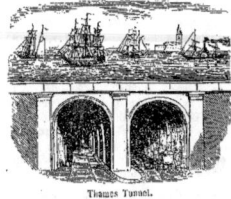

Thames Tunnel.

Cette admirable entreprise, qu'on ne saurait trop vanter, est due à un ingénieur français, M. Brunel, qui y a consacré de longues années, et dont le génie persévérant a fini par vaincre des obstacles de tous genres.

Soutenu par les capitalistes qui avaient foi en son œuvre, notre illustre compatriote est enfin parvenu à réaliser une de ces conceptions d'artiste, dont l'idée seule paraissait à beaucoup d'hommes du métier le rêve d'un cerveau brûlé. Le tunnel a été ouvert au public le 25 mars 1843. C'est une avenue de 1,300 pieds éclairée au gaz dans toute sa longueur; elle est divisée en deux passages pour les voitures, et les piétons, qui ont de larges trottoirs à leur disposition, peuvent traverser, par des arches de communication, d'un passage à un autre. L'épaisseur de la terre, entre la voûte du tunnel et la Tamise, est d'environ 15 pieds. On peut visiter tous les jours le tunnel dont les derniers travaux touchent à leur fin; le prix d'entrée est de 1 penny. Les bateaux à vapeur, qui se rendent à Woolwich et à Greenwich, s'arrêtent au tunnel, et, de demi-heure en demi-heure, on trouvera pour cette destination des omnibus dans Piccadilly, Fleet street, Gracechurch street et Charing Cross.

MARCHÉS.

Nous nous contentons de citer deux des plus remarquables :.

Marché de Covent Garden (Covent Garden market), l'un des plus beaux établissements de ce genre; il appartient au duc de Bedford, et a été reconstruit en 1830. On y vend des légumes, des fruits, des fleurs et des graines.

Covent Garden market.

Marché d'Hungerford (Hungerford market), dans le Strand. Ce bel édifice est consacré à la vente du poisson et des légumes, principalement pour le premier article.

Hungerford market.

CHAPITRE VI.

ENVIRONS DE LONDRES.

CHÂTEAU DE WINDSOR (*Windsor Castle*), à 23 milles de Londres. — Une des plus étonnantes curiosités qu'il y ait au monde, de l'avis de tous les voyageurs, à quelque nation qu'ils appartiennent, c'est la résidence royale de

Windsor Castle.

Windsor. Construit par Guillaume le Conquérant, le château fut abattu en partie par les ordres d'Édouard III, qui y fit élever de nouveaux bâtiments. Ses successeurs y ont ajouté de remarquables améliorations.

Ce qui frappe tout d'abord, c'est l'aspect imposant de la chapelle Saint-George et la magnificence de ses vitraux, les plus beaux, assure-t-on, qui

nous soient restés de la grande époque de la peinture sur verre. Dans le chœur de cette chapelle, quatorze stalles sont réservées aux quatorze membres de l'ordre de la Jarretière. Les armes de chacun d'eux sont placées au-dessus de sa stalle. On y remarque entre autres celles du roi Louis-Philippe.

Le parc mérite encore plus que le palais de fixer l'attention. Nous autres Français nous sommes assez habitués à la splendeur intérieure et extérieure des monuments; aussi la beauté des appartements de Windsor, tout en nous paraissant fort éclatante, ne nous cause-t-elle pas un étonnement comparable à celui que nous éprouvons à l'aspect du parc et de ses grands arbres.

GREENWICH, ville assez agréable, sur la Tamise, à 5 milles de Londres. Nous avons donné, dans le chapitre IX, la description de son hôpital. Mais le principal titre à la réputation européenne qu'elle possède, c'est l'Observatoire royal, construit par ordre de Charles II, et qui fut terminé en 1675. Il s'élève de 250 pieds au-dessus du niveau de la Tamise. La collection d'instruments d'astronomie est fort curieuse. Le parc de Greenwich est très-fréquenté pendant l'été; c'est le Saint-Cloud des bourgeois de Londres. On peut y aller par les chemins de fer, entre autres celui de Greenwich railway, les bateaux à vapeur de London bridge et de Hungerford market, et les omnibus.

Greenwich.

HAMPTON COURT, résidence royale sur les bords de la Tamise, à 13 milles de Londres, bâtie aux frais du célèbre cardinal Wolsey, archevêque d'York. On dit que Henri VIII étant par hasard passé près de ce château, et l'ayant trouvé de son goût, fit mettre ce prêtre à la Tour de Londres, pour s'emparer de son domaine. Les déprédations de Wolsey et ses rapports secrets avec les cours d'Espagne et de France pouvaient fournir des griefs à Henri VIII, dont le despotisme savait du reste fort bien s'en passer quand il voulait se débarrasser de ce qui le gênait, femmes ou cardinaux.

La façade postérieure de Hampton Court a une certaine analogie avec la façade de notre palais de Versailles; quant au parc, il est presque aussi beau que celui de Windsor. Les appartements, qui sont réellement splendides comme tous ceux des palais royaux de l'Angleterre, renferment un grand nombre d'objets d'art et de galeries de tableaux d'une grande valeur.

Hampton Court.

BLACKWALL (Middlesex), à 2 milles et demie de Londres. On y voit de très-curieux chantiers de construction, sur les bords de la Tamise. Le célèbre

Blackwall.

acteur Kean allait souvent y faire des parties de campagne et y manger des petits poissons appelés *white bait*, que, dit-on, on ne trouve que là. Les habitants de Londres vont à Blackwall, comme les Parisiens vont à Asnières. — Voitures dans Whitechapel et dans Leadenhall street.

The crystal palace for the great Exhibition.

CHAPITRE VII.

EXPOSITION UNIVERSELLE DE 1851.

Les expositions industrielles sont considérées comme invention française. C'est en France que les premières exhibitions de ce genre eurent lieu, à la fin du dernier siècle. On attribue à tort l'honneur de l'idée première et de la première application à François de Neufchâteau, ce ministre homme de lettres, un peu versificateur plutôt que poète, spirituel et aimable gastronome, homme intelligent au demeurant et plein d'initiative. Si ce fut lui qui provoqua la première exposition organisée par les soins du Gouvernement, un simple particulier, le marquis d'Avèze, administrateur de l'Opéra, en avait déjà, en 1797, préparé une, dont l'ouverture fut ajournée par suite des événements du 18 fructidor. Peu de temps après, dans le courant de l'an vi, l'ingénieux marquis réalisait son idée dans les salles et le jardin de la maison d'Orçai, rue de Varennes. Le *Manuel de l'Exposant*, de 1849, nous donne un curieux compte-rendu de cette exposition, assurément la première de toutes; celle du Champ-de-Mars, organisée par François de Neufchâteau n'eut lieu que pendant les jours complémentaires de la même année.

L'Angleterre, avec cette audace, ce génie d'initiative, dont elle est douée au suprême degré, a repris, développé, agrandi l'idée; et lorsque la conception étudiée, mûrie, approfondie, préparée pour la pratique, s'est présentée avec l'appui de la reine et sous le patronage du prince Albert, qui avait, dit-on, eu la première initiative de cette pensée, en ce qui côtés des cris d'adhésion se sont fait entendre, et le concours des hommes les plus considérables est venu prouver que le monde était mûr pour cette grande épreuve industrielle.

Le prince Albert n'a pas eu seulement l'honneur de patronner la conception grandiose de l'Exposition, il a été l'un des collaborateurs les plus actifs de la commission qui s'est chargée de la réaliser.

Presque aussitôt que la commission et les divers sections de comités chargées d'organiser l'Exposition, eurent été nommées, on s'occupa de choisir un emplacement convenable. C'est Hyde Park, le plus grand des parcs de Londres, qui fut désigné. Puis on mit au concours la construction du palais qui devait être consacré à l'exhibition des merveilles industrielles de toutes les nations. Les artistes, les architectes de tous les pays furent admis à concourir. Les dessins de M. Paxton, bien qu'ils n'aient été envoyés qu'après l'époque fixée pour la clôture, furent jugés tellement supérieurs à tous les autres, qu'il fut choisi pour diriger la construction du bâtiment grandiose et colossal qui devait être si bien en harmonie avec sa destination.

Ce qui constitue surtout la grande supériorité du plan de M. Paxton sur tous les autres, c'est que son bâtiment est construit en matériaux secs, qu'il n'y entre ni briques, ni mortier, ni pierres; que, par conséquent, on peut, sans craindre l'humidité, y placer aussitôt après la fin de la construction, les objets de toute nature que l'Exposition doit renfermer.

Le palais de l'Exposition a 1,851 pieds de longueur (564 mètres), 450 (137 m.) de large et 64 (19 m.) de hauteur à l'aile du centre; les ailes de côté ont 44 pieds (13 m. 50 c.) de hauteur, le transept en a 108 (33 m.) et il est couvert d'un toit semi-circulaire. Il a 6 galeries longitudinales, 4 transversales. L'espace couvert est d'environ 20 acres (8 hectares). Il est difficile de croire qu'un bâtiment de cette dimension eût pu être exécuté aussi rapidement ailleurs qu'en Angleterre. Il fallait des ressources métallurgiques et les immenses fonderies de ce pays pour résoudre un pareil problème dans un temps donné aussi court. La fonderie de MM. Cochrane et Cⁱᵉ dans le Staffordshire a fourni par jour de 30 à 40 poutres de fer et de 40 à 50 colonnes, et celle du Mr. Fox et Henderson, de Londres, outre une quantité considérable de colonnes, a produit de 80,000 à 90,000 pièces d'autres fontes par ajustement. La verrerie de MM. Chance et Cⁱᵉ, de Birmingham, a fourni 400,000 kilogrammes de panneaux de verre de 49 pouces (1 m. 24 c.), environ un tiers de la production annuelle de l'Angleterre.

Le nombre des colonnes est de 3,300 de 14 pieds 6 pouces à 20 pieds d'élévation (5 à 6 mètres). Il y a 2,224 poutres en fer et 1,128 supports intérieurs pour porter les planchers des galeries et les grandes ouvertures des ailes. Le volume total du bâtiment est de 33 millions de pieds cubes ou de 785,745 tonneaux de mer à 42 pieds cubes par tonneau. Les 6 galeries longitudinales et les 4 galeries transversales donneront une surface pour exposer de 25 pour cent de plus que celles du rez-de-chaussée; elles serviront aux marchandises légères. Les moyens de ventilation les plus efficaces ont été adoptés, et des mesures ont même été prises pour arroser dans les temps chauds.

1,800 à 2,000 ouvriers ont été constamment employés dans Hyde Park, leur salaire était en moyenne de 24 shillings par semaine.

Déjà les rétributions payées par les visiteurs et les billets de saison ont produit des sommes considérables qui suffisent à couvrir les frais de construction et d'organisation. Aussi y a-t-il lieu de croire qu'après l'Exposition le palais de cristal ne sera pas démoli; il restera aux entrepreneurs de l'Exposition, qui ont le projet, dit-on, d'y établir un magnifique jardin d'hiver. — Outre les billets de saison, qui, dès avant l'ouverture, avaient déjà produit plus de 25,000 liv. st. (plus de 750,000 fr.), il a été pris, pendant les douze premiers jours, pour 3,485 liv. st. de billets journaliers (soit près de 87,000 fr.). A ces deux sommes il faut ajouter, pour compléter les recettes de l'Exposition jusqu'à ce moment, 7 à 800,000 francs payés par les personnes qui ont visité les travaux pendant la construction du palais. On estime que les recettes totales, au 15 mai, s'élevaient à 1,700,000 fr. environ.

L'Angleterre occupe à peu près la moitié du Palais. Après l'industrie britannique, c'est l'industrie française qui tient la plus grande place. Elle y brille surtout par le goût exquis, par le sentiment élevé des arts qui distinguent ses productions. Dès la première visite, cette supériorité incontestable de la France éclate aux yeux de tous. Sculpteurs, orfèvres, artistes et artisans de tous genres ont créé pour cette mémorable lutte de véritables prodiges. Les plus beaux chefs-d'œuvre ne sont pourtant pas encore arrivés, car on n'attend que pour la fin du mois le baptistère en porcelaine, fabriqué spécialement par la manufacture de Sèvres.

Les dispositions locales ont été si parfaitement prises dans toute l'étendue de ce vaste bâtiment, que jamais, les jours même où l'affluence est le plus

Interior of crystal Palace.

considérable, il ne peut y avoir le moindre encombrement. Trente mille personnes y circulent à l'aise. Des sièges commodes et nombreux sont placés dans toute la longueur des galeries et permettent aux personnes fatiguées de prendre quelques instants de repos. A la rigueur on peut, si l'on veut, passer la journée entière à l'Exposition sans avoir à s'inquiéter de son dîner, car on a installé dans le Palais trois grandes salles de rafraîchissements où l'on vend des comestibles de toute sorte à des prix fixés par un tarif assez modéré affiché aux portes. Des verres d'eau sont fournis gratuitement aux visiteurs. — Il sera encore plus facile bientôt de prolonger ses visites, puisqu'on assure qu'il est question de ne fermer les portes qu'à huit heures du soir, à partir du 1ᵉʳ juin.

L'annonce de ce projet a même singulièrement ému plusieurs directeurs de spectacles de second ordre, qui se proposent, dit-on, dans le cas où elle serait prise, de fermer leurs théâtres. Ces établissements reçoivent fort peu de monde depuis le 1ᵉʳ mai. Le Palais de cristal leur fait la plus terrible concurrence.

L'Exposition universelle n'est-elle pas, en réalité, le vrai spectacle du moment? « On ne saurait trop conseiller à nos compatriotes, écrit M. Blanqui aîné, de venir à tout prix visiter cette merveilleuse Exposition. Soyez sûr qu'ils n'en reverront pas de semblable dans le cours de leur vie... Il n'est pas vrai que les logements soient hors de prix; ils ne sont pas plus chers qu'à l'ordinaire et ils ne sont pas tous occupés. Toutes les classes de ce pays se sont empressées d'exercer l'hospitalité envers les étrangers, à quelque rang qu'ils appartiennent, car il y a des rangs ici; les étrangers sont sûrs de trouver, dans le rang correspondant à leur position sociale, bienveillance et cordialité. »

L'Exposition sera ouverte tous les jours, excepté le dimanche.

FRAIS D'ADMISSION.

Un billet pour une dame, 2 livres sterl. 2 sh. (52 fr. 50 c.). Les billets ne sont pas transmissibles. Ils donnent seulement au titulaire le droit d'admission toutes les fois que les bâtiments seront ouverts au public.

Le jour de l'ouverture de l'Exposition les billets pour la saison sont seuls admissibles. Il n'y a pas de perception à l'entrée. Le second et le troisième jour, le prix d'admission par personne et par jour est de 1 liv. st. (25 fr.). A partir du quatrième jour jusqu'au vingt-deuxième, 5 sh. (6 fr. 25 c.); à partir du vingt-deuxième jour, les prix seront réglés ainsi qu'il suit :

Les lundi, mardi, mercredi de chaque semaine, 1 sh. (1 fr. 25 c.); le vendredi, 2 sh. 6 pence (3 fr. 25 c.).

Il ne sera pas changé de pièces de monnaie à l'entrée. La somme nécessaire pour payer l'admission devra être remise de suite exactement. Cette disposition est nécessaire pour prévenir tout embarras à la porte.

FIN.

PUBLICITÉ COMMERCIALE PERMANENTE

ORGANISÉE

à **Paris**, à **Londres**, dans les **principales villes de Paris à Londres** sur les **lignes des Chemins de Fer** et **Bateaux à Vapeur.**

EXPOSÉ

Est-il nécessaire de nous mettre en frais d'éloquence pour démontrer que la publicité est la vie et la force de toutes les œuvres humaines, du poëte à l'artiste, de l'artiste à l'artisan ?.

L'Exposition de Londres est le livre d'or de l'industrie au XIXᵉ siècle, une divulgation colossale de laquelle l'Angleterre a voulu se réserver la part du lion. Le commerce français doit faire en sorte qu'elle ne profite pas seule de cette exhibition gigantesque offerte aux regards des pèlerins de l'univers.

De son côté, la publicité par la voie de l'impression tend à devenir permanente. C'est ce que M. Ernest Bourdin, l'éditeur des *Guides illustrés des chemins de fer de France*, a parfaitement compris et voilà pourquoi il met à la disposition du monde commercial les pages de ses guides illustrés, publiées dans le format de l'*illustration*.

Afin de mettre les annonces industrielles sous les yeux du plus grand nombre possible de lecteurs, et d'attirer leur attention d'une façon permanente, il y avait certes un bon moyen, et voici ce moyen :

Trouver un sujet intéressant une multitude de personnes, le traiter de la façon la plus séduisante, attirer les yeux par la gravure, les arrêter par la netteté typographique, captiver l'esprit par le charme du style et l'intérêt des détails ; placer enfin le livre ainsi exécuté à la portée de tous les hommes qui savent lire, apprécier et se reconnaître au milieu de tant d'entreprises si diverses, de tant d'objets si différents, là était la question, et M. Ernest Bourdin a répondu à cette question difficile avec autant de zèle que de bonheur.

Le *Guide illustré du voyageur à Londres*, dans les meilleures conditions du bon marché, a chance d'être vendu à un nombre considérable d'exemplaires. Premier élément de publicité : — *Publicité vis-à-vis de l'acheteur.*

Écrit avec le plus grand soin, enrichi de cartes, de plans clairs et exacts, et d'une centaine de vignettes délicieuses, album autant que livre, il est assuré d'avoir pour lecteurs tous ceux qui l'ouvriront. Deuxième élément de publicité : — *Publicité vis-à-vis du lecteur.*

Placé *gratuitement* dans les grands cafés, les principaux hôtels, les bureaux d'omnibus, les postes de la garde nationale, à Paris et dans les principales villes de France, à la disposition de tous, il sera lu par les personnes qui par leur consommation activent l'industrie. Troisième élément de publicité : — *Publicité vis-à-vis du Français sédentaire.*

Vendu dans les gares de chemins de fer, déposé par les soins de l'éditeur dans les wagons de première classe des lignes les plus importantes et jusque dans les hôtels et établissements publics de Londres, il sera feuilleté par les voyageurs et charmera les ennuis de la route. Or, à cette heure, connaissez-vous un sujet plus digne du respect, plus digne de la curiosité et de l'attention des hommes que cette Grande-Bretagne et son Exposition universelle, où brillent dans ce moment tant de magnifiques splendeurs ? — *Quatrième* nouveau et excellent élément de publicité : — *Publicité vis-à-vis du voyageur.*

On le voit, pendant la durée de l'exposition, le *Guide-Album* sera le livre par excellence, et comme un journal inépuisable. Placé dans un livre ainsi répandu, l'annonce est sûre de frapper les grands coups au bout desquels se rencontrent la renommée et la fortune. Le lecteur peut le revoir vingt fois, cinquante fois pendant cent cinquante jours, chaque fois qu'il ouvrira l'album ; pour y puiser un renseignement. Le voyageur, quand il l'aura vu à son hôtel, le retrouvera sur le chemin de fer, puis dans le café de la ville, puis sur le bateau à vapeur ; à Paris, à Londres partout. Et pour peu que l'annonce l'intéresse, il ne pourra manquer de s'en souvenir.

Nous croyons donc offrir au commerce un moyen sûr et puissant de publicité, en mettant à sa disposition les pages splendides du *Guide-Album.*

TARIF DES ANNONCES

	1 mois		2 mois		3 mois	
1 case...	1 mois,	20 fr.	2 mois,	30 fr.	3 mois,	40 fr.
2 cases...	1 mois,	35	2 mois,	50	3 mois,	70
3 cases...	1 mois,	50	2 mois,	70	3 mois,	100
6 cases...	1 mois,	90	2 mois,	170	3 mois,	150
1/2 page, 12 cases...	1 mois,	180	2 mois,	240	3 mois,	280
1 page, 24 cases...	1 mois,	280	2 mois,	330	3 mois,	500

NOTA. — Chaque case a 4 centim. de hauteur sur 5 cent. de largeur, équivalant à 20 lignes des grands journaux.

À PARIS, CHEZ ERNEST BOURDIN, RUE DE SEINE, 49. — A LONDRES, W. THOMAS ET CHURCHILL, 19-21, CATHERINE STREET (STRAND.)

PERROTIN, ÉDITEUR, 41, RUE FONTAINE-MOLIÈRE.

ŒUVRES COMPLÈTES
DE BÉRANGER
NOUVELLE ÉDITION, REVUE PAR L'AUTEUR

Illustrée d'un beau portrait d'après nature et de 52 gravures sur acier,
D'APRÈS

CHARLET, DAUBIGNY, JOHANNOT, GRENIER, DE LEMUD, PAUQUET, PENGUILLY, RAFFET, SANDOZ,

Gravés par les artistes les plus distingués, avec les 10 chansons nouvelles et un *fac-similé* d'une lettre de Béranger.

2 volumes in-8, papier cavalier : 28 fr.; demi-reliure tranches dorées : 38 fr.

ŒUVRES NOUVELLES
DE LAMARTINE
COMPLÉMENT DE TOUTES LES ÉDITIONS

4 vol. in-8° cavalier vélin

ornés de 28 magnifiques Gravures sur acier, d'après MM. JOHANNOT, GRENIER, SANDOZ, BOURDONNÉ, etc.

Chaque ouvrage se vend séparément, avec ou sans gravures.

HISTOIRE DE LA RÉVOLUTION DE FÉVRIER 1848

2 vol. in-8°, papier cavalier vélin................ 12 fr.
Même édition, illustrée de 12 gravures sur acier.... 15 fr.

RAPHAËL
PAGES DE LA VINGTIÈME ANNÉE

deuxième édition

4 vol. in-8° cavalier vélin. Prix................. 5 fr. »
Même édition, illustrée de 6 gravures sur acier....... 7 50
Reliure à l'anglaise, tranches dorées, avec fers spéciaux. 10 »

LES CONFIDENCES

4 volume in-8° papier cavalier vélin................ 5 fr. »
Même édition, illustrée de 5 gravures sur acier....... 7 50
Reliure à l'anglaise, tranches dorées, avec fers spéciaux. 10 »

HISTOIRE DES DEUX RESTAURATIONS

(Chute de l'Empire) jusqu'à la chute de Charles X
Par ACHILLE DE VAULABELLE

2ᵉ édition, six volumes in-8° (5 sont en vente). Chaque vol., 5 fr.

LANGUES
Vivantes.

COLLECTION POLYGLOTTE
DES GUIDES DE LA CONVERSATION

À l'usage des voyageurs et des étudiants, par MM. ADLER-MESNARD, RONNA, L. SMITH, OCHOA et ROQUETTE.

Cette collection réunit les éléments et les applications usuelles des six idiômes les plus importants de l'Europe : le Français, l'Anglais, l'Allemand, l'Italien, l'Espagnol et le Portugais.

EN VENTE :
LES GUIDES DE LA CONVERSATION

Français-Anglais, 4 vol. in-32.	2 f. 50
Français-Italien, 4 vol. in-32.	3 »
Français-Anglais-Italien. in-16.	3 75
Français-Allemand, 4 vol. in-16.	3 75
Français-Allemand, 4 vol. in-32.	2 50
Français-Espagnol, 4 vol. in-32.	3 »
Français-Anglais-Allemand-Italien, 4 vol. in-32.	5 »
English and French, 4 vol. in-32.	2 50
English and Italian, 4 vol. in-32.	3 »
English and German, 4 vol. in-32.	2 50
English-French-German-Italian, 4 vol. in-32.	5 »
Deutsch und English, 4 vol. in-32.	2 50
Deutsch und Französisch, 4 vol. in-32.	2 50
Deutsch-Französisch-Englisch-Italienisch, 4 vol. in-32.	5 »
Espanol-Francés, 4 vol. in-32.	3 »
Espanol-Inglés, 4 vol. in-32.	3 »
Espanol-Italiano, 4 vol. in-32.	3 »
Espanol-Francés-Inglés-Italiano, 4 vol. in-32.	5 »
Portuguès-Français, 4 vol. in-32.	2 50
Anglais-Portugais, 4 vol. in-32.	2 50
Français-Allemand-Italien-Espagnol-Portugais (6 langues), relié à l'anglaise.	5 »

AVIS. — Le *Guide de la Conversation* FRANÇAIS-ANGLAIS, avec le *Plan de Londres* colorié. Prix : 3 fr.

LIBRAIRIE DE CHARLES HINGRAY
12, rue de Seine.

AVIS
aux Voyageurs.

NOUVEAUX DICTIONNAIRES DE POCHE

ABRÉGÉ DES GRANDS DICTIONNAIRES IN-8°, ADOPTÉS PAR LE CONSEIL DE L'INSTRUCTION PUBLIQUE.

DICTIONNAIRE FRANÇAIS-ANGLAIS, ANGL.-FR., avec la prononciation figurée par les Anglais et pour les Français, par L. Smith ; 1 vol. in-32. Prix : 5 fr.

DICTIONNAIRE FRANÇAIS-ALLEMAND, ALL.-FR., contenant, comme celui de MM. Schuster et Regnier, les difficultés de la langue à leur ordre alphabétique, par M. le docteur Adler-Mesnard, maître de conférences à l'École normale ; 1 vol. in-32. 5 fr.

DICTIONNAIRE FRANÇAIS-ESPAGNOL, ESP.-FR., abrégé de celui de MM. Martinez-Lopez et F. Maurel, par D. E. Orrit fils, précédé d'un précis de Grammaire, par D. E. de Ochoa ; 1 vol. in-32. 5 fr.

DIZIONARIETTO DELLA LINGUA ITALIANA, compilato da A. Ronna ; 1 vol. in-32, prezzo franchi. 5 fr.

DICTIONNAIRE FRANÇAIS-ITALIEN, ITAL.-FR., abrégé du Dictionnaire in-8° de Ronna ; 1 volume in-32. 5 fr.

DICTIONNAIRE FRANÇAIS, édition diamant ; 7ᵉ édition, augmentée de plus de 20,000 mots relatifs aux sciences, aux arts, aux métiers, à la médecine, à la chimie, etc., par F. Raymond ; 1 vol. in-32, relié à l'anglaise. 1 fr. 60

MAISON JACQUEL
FOURNISSEUR DES PRINCES D'ORLÉANS

71, ancien 77, rue Richelieu en face l'arcade Colbert

CRISTAUX ET PORCELAINE

Spéciale pour le service de table. — Articles de fantaisie. — Atelier de taille et gravure. — Maison avantageusement connue pour les services minces en cristal gravé.

MAISON STEIN ET Cⁱᵉ
FABRIQUE ET MAGASINS

9, rue Cassette, à Paris

Spécialité d'Orgues pour églises, expressives et à tuyaux depuis 450 francs jusqu'à 50,000 fr.

Deux Brevets d'Invention, médailles d'argent et bronze.

Prix fixe marqué en Chiffres connus

PARIS
Boulevart
DE LA MADELEINE
— 21 et 23 —

PARIS
RUE DUPHOT
— 26 —

AUX TROIS QUARTIERS

GALLOIS-GIGNOUX et Cie

MAGASINS DE NOUVEAUTÉS

Ce vaste Établissement, situé dans un des plus beaux quartiers de Paris, est richement assorti dans tous les articles de Fantaisie exigés par une clientèle élégante; la vente y est faite de confiance; les Prix sont marqués en Chiffres connus; les Marchandises qui ne conviennent pas sont échangées sans difficulté, ou le Prix en est remboursé.

TROUSSEAUX ET LAYETTES

SOIERIES riches et de fantaisie; Articles de goût, Soieries noires.

CHALES, pur Cachemire français, Indoux, Chaînes-laines, Kabyles, Châles d'été, Crêpes de Chine blancs et de couleurs, Écharpes et fantaisies nouvelles, etc., etc.

CONFECTION, Crispins, Pelisses, *Fourrures*, Mantelets, Visites, Modèles nouveaux, Robes brodées, Articles de goût, etc., etc.

CRAVATES noires et de fantaisie, Cache-nez, Cravates batiste d'Écosse, Foulards des Indes, Fichus de tous genres, etc., etc.

MOUSSELINE-LAINE unie et imprimée, Écossais divers, Baréges, Poils de chèvre, Articles nouveaux de fantaisie, etc., etc.

MÉRINOS, Cachemires, Stoffs, Satins de laine, Satins amazone, Écossais, Escots, Bacrpoor, etc., etc.

DRAPERIE unie et de fantaisie, Flanelle de santé, Nouveautés pour pantalons et gilets. Assortiment complet de doublures.

MEUBLES, Damas de laine, Damas de soie, Satin-laine imprimé, Perses riches et bas prix, Mousselines et Tulles brodés pour rideaux et stores; *Bordures* imprimées et brochées, *Tapis* de tout genre.

INDIENNES d'Alsace et de Rouen, Percales imprimées, Cotonnades unies et croisées, Madras et Foulards coton.

MOUSSELINES, Jaconas, Organdis imprimés et tissés, Toiles de Chine.

LINGERIE, Dentelles, Broderies, Tulles, Rubans, Lingerie confectionnée.

TOILES blanches et jaunes de toute fabrique, pour chemises, draps, serviettes, nappes, etc.; Linge damassé et ouvré, Services complets, linge confectionné, mouchoirs blancs et de couleurs.

BATISTES DE FIL, Linons fins, mouchoirs unis et à vignettes.

BLANC DE COTON unis et façonnés, Calicots, Percales, Jaconas, Mousselines, Organdis, Articles brodés et brochés pour meubles.

CHEMISES confectionnées et sur mesure.

BONNETERIE. Bas, Chaussettes, Camisoles et Tricots de tout genre.

GANTERIE, de peau, de soie et de fil d'Écosse.

GILETS DE FLANELLE confectionnés et sur mesure.

PARAPLUIES, OMBRELLES, Bourses, Sacs, etc., etc.

EXPOSITION PERMANENTE DES NOUVEAUTÉS DE SAISON

Articles de Literie, Toiles à carreaux, Siamoises, Coutils, Couvertures en laine et en coton.

GRAND ASSORTIMENT DE DEUIL ET DEMI-DEUIL

TAILLEUR POUR CHEMISES ATTACHÉ A L'ÉTABLISSEMENT.

English Spoken.   Se habla español.   Man spricht deutsch.

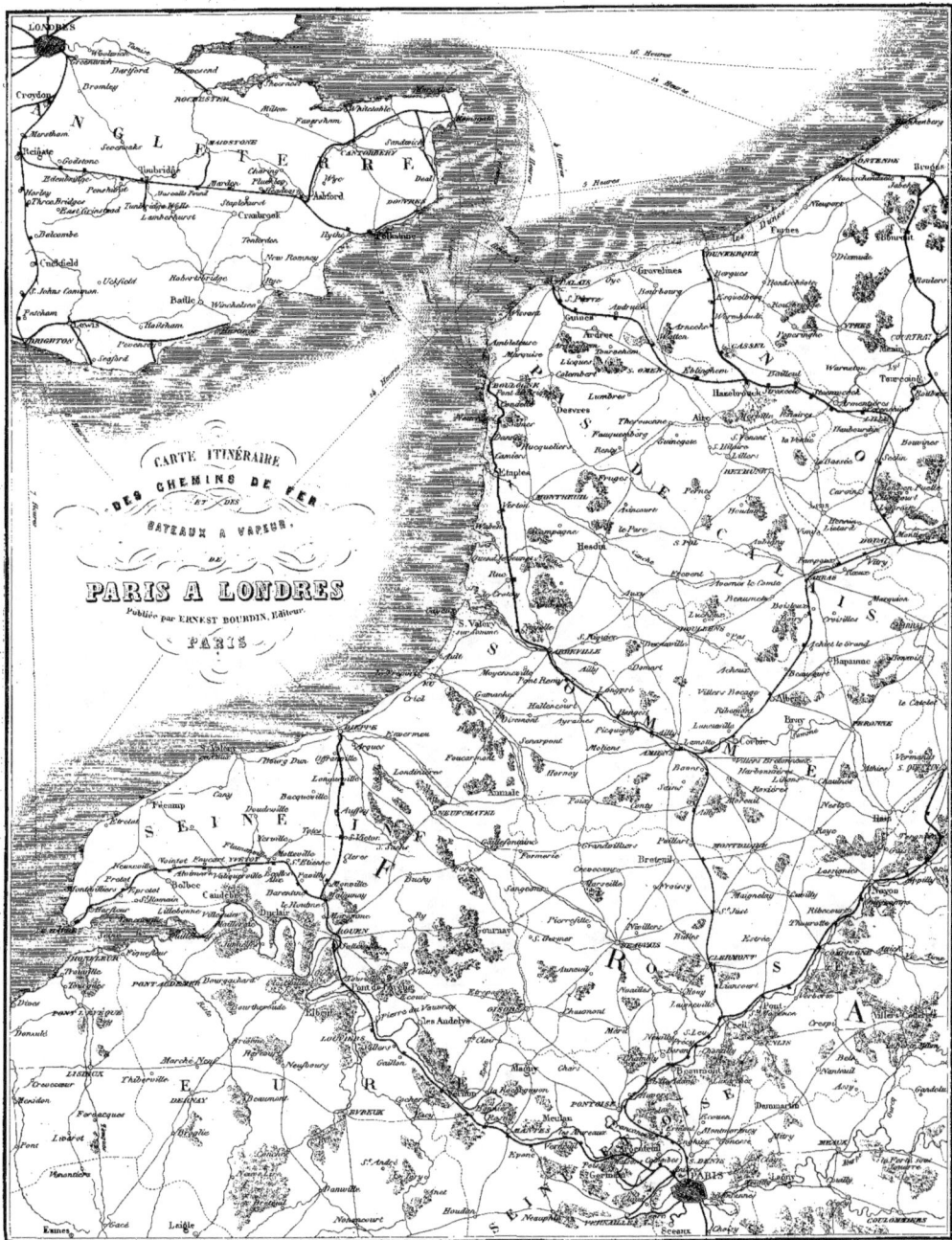

CARTE ITINÉRAIRE
DES CHEMINS DE FER
ET DES
BATEAUX A VAPEUR
DE
PARIS A LONDRES
Publiée par ERNEST BOURDIN, Éditeur.
PARIS

Dressé et gravé par Pierre Tardieu.

Imp. Kaeppelin, 13, quai Voltaire, Paris.

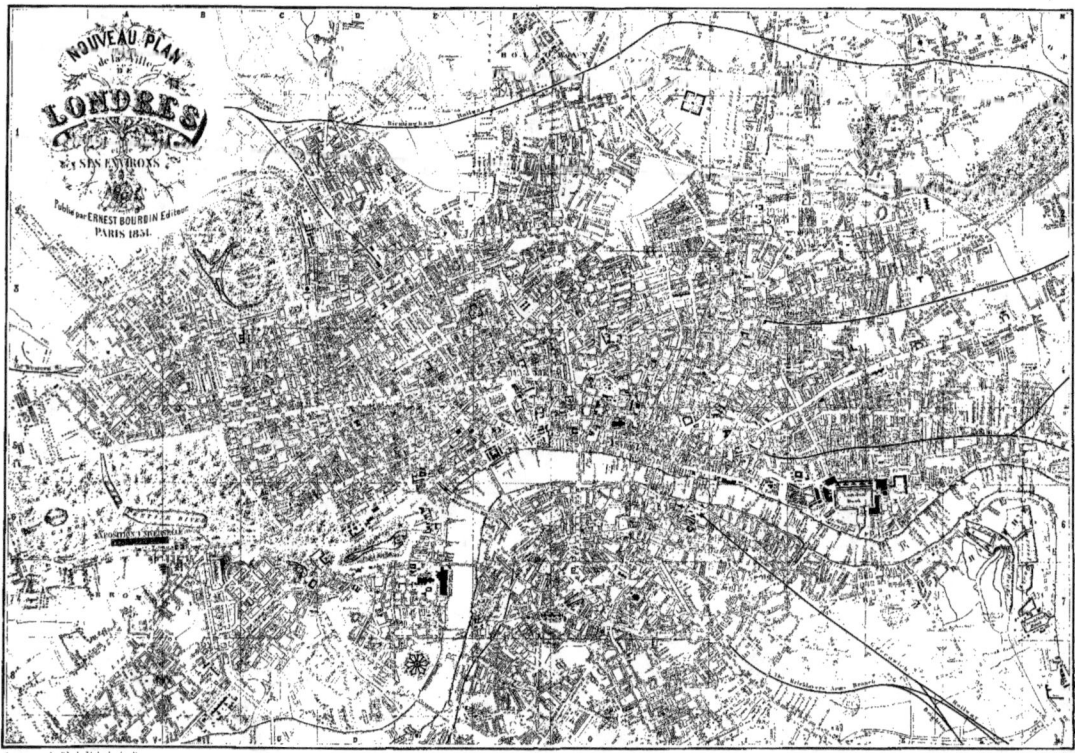

NOUVEAU PLAN
de la ville
DE
LONDRES
& SES ENVIRONS
Publié par ERNEST BOURDIN Editeur
PARIS 1851.

PALAIS DE L'EXPOSITION UNIVERSELLE DE 1851.

(Copié sur les Plans officiels)

PLAN DU PREMIER ÉTAGE.

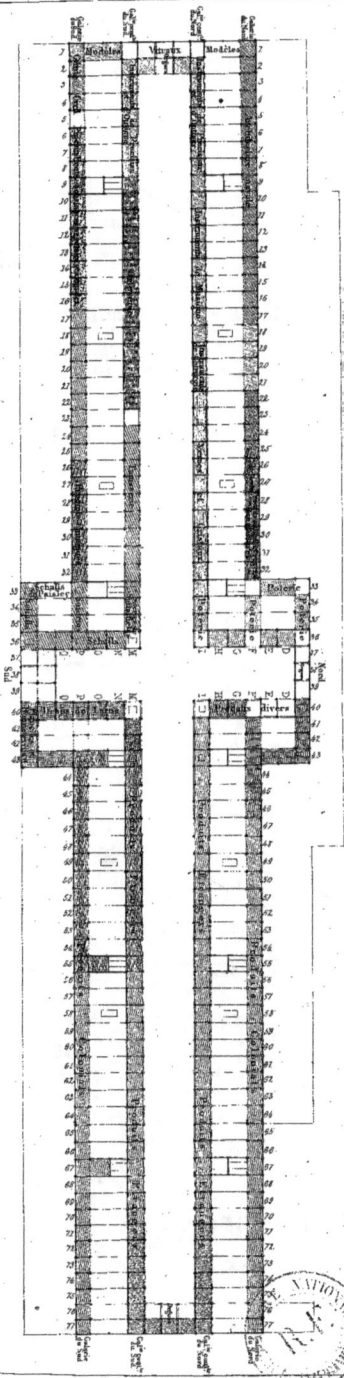

PLAN DU REZ-DE-CHAUSSÉE.

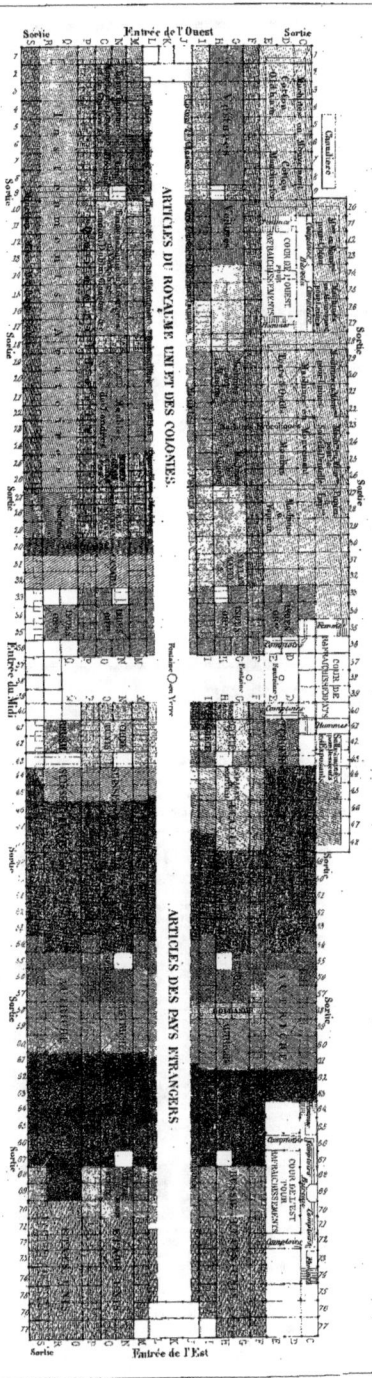

Sortie — Entrée de l'Ouest — Sortie

ARTICLES DU ROYAUME UNI ET DES COLONIES.

ARTICLES DES PAYS ÉTRANGERS.

Sortie — Entrée de l'Est

Modèles — Vitraux — Modèles

AU COIN DE RUE

www.ingramcontent.com/pod-product-compliance
Lightning Source LLC
LaVergne TN
LVHW022038080426
835513LV00009B/1123